Il n'est guère
fournisse des m
pas uniqueme
publiées. Il
récompenser la patience d'un observateur attentif, en lui faisant voir des nouveautés singulières. Swammerdam et M. Marli ont observé bien des particularités dans l'histoire des abeilles, qui avaient échappé aux Anciens ; des circonstances favorables m'en ont montré aussi, et même d'essentielles, que Swammerdam et M. Marli ne se sont pas trouvés à portée de voir. Je suis pourtant persuadé que ces mouches admirables ne m'ont pas tout montré, à beaucoup près, qu'elles se sont réservé encore des mystères qu'elles pourront découvrir à quelqu'un qui saura les observer dans de nouvelles circonstances et avec une nouvelle assiduité.»

Réaumur,
Mémoires pour servir à l'histoire des insectes, 1757

fig. 1.

fig. 2.

fig. 3.

fig. 5.

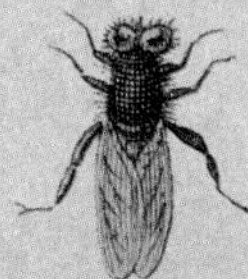

fig. 4

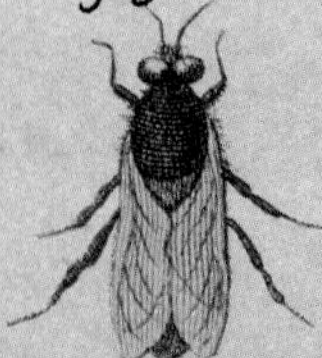

fig. 6

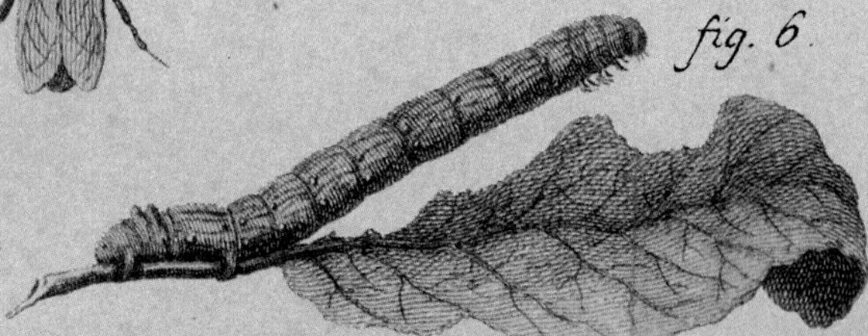

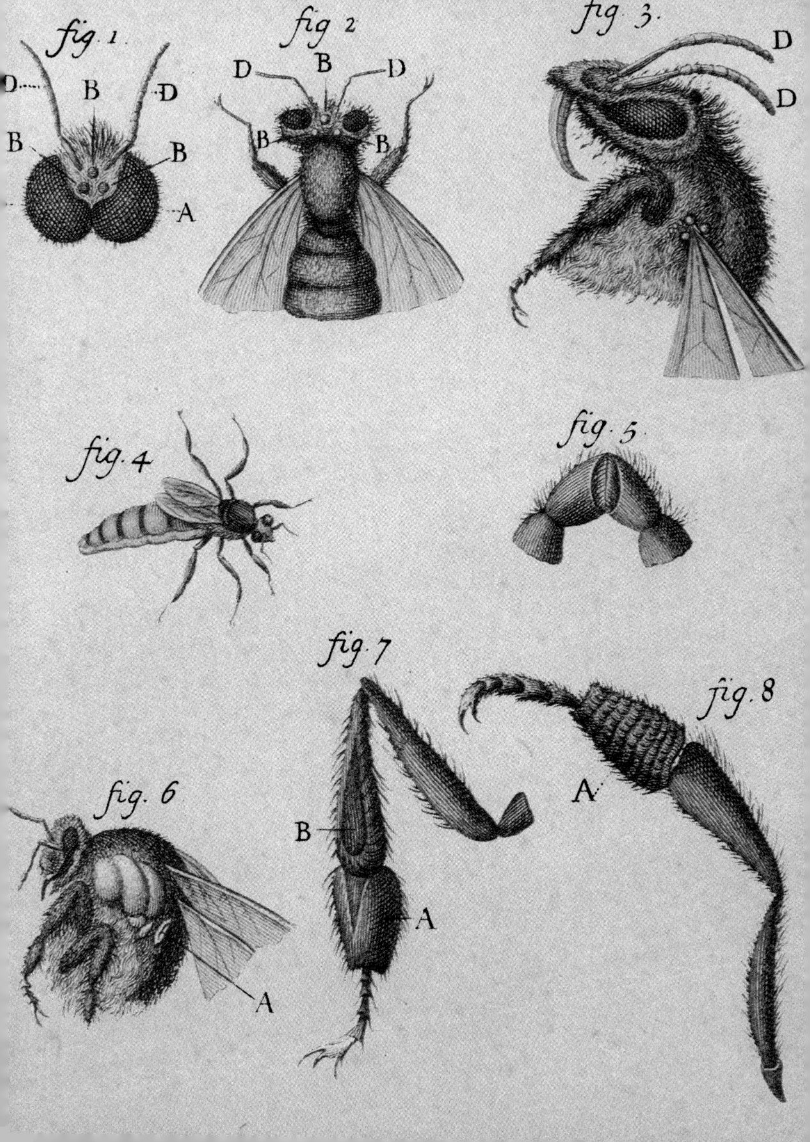
fig. 1.
D
B
D
B
B
A
fig 2
D
B
D
B
B
fig. 3.
D
D
fig. 4
fig. 5
fig. 7
fig. 8
A
fig. 6
B
A
A

fig. 1.

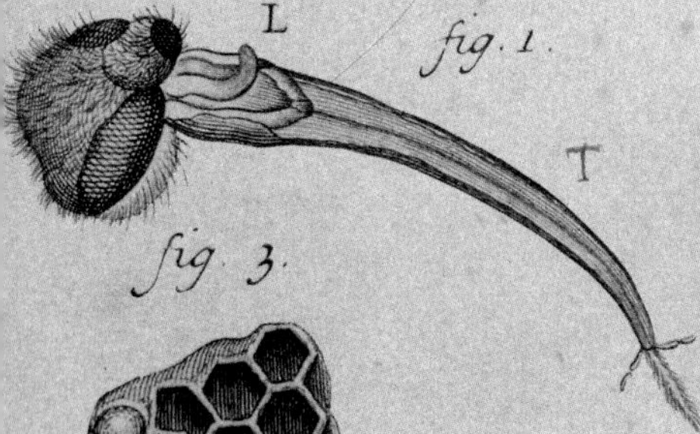

fig. 2.

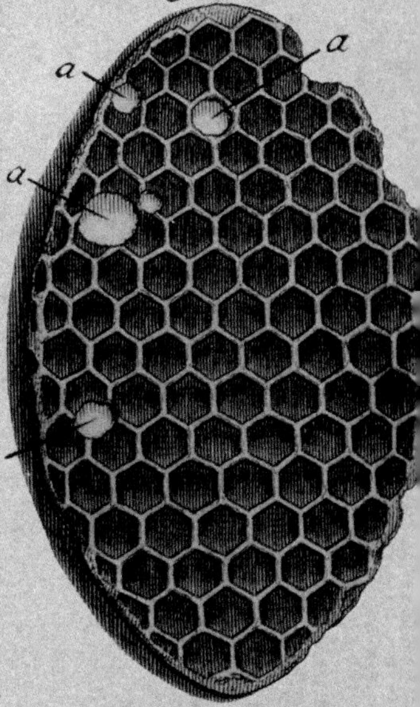

fig. 3.

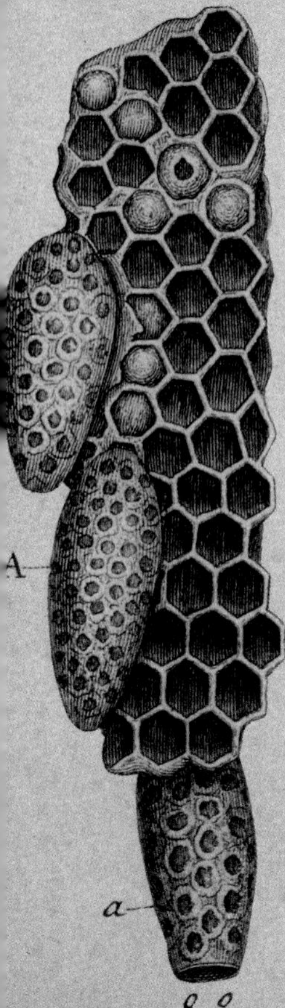

fig. 4.

fig. 1

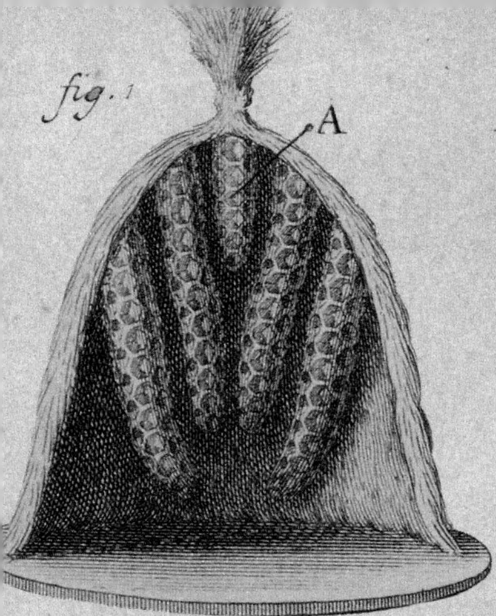

fig. 2.

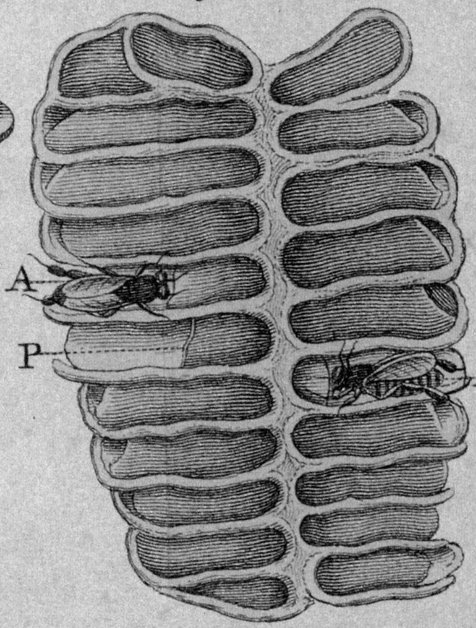

fig. 3

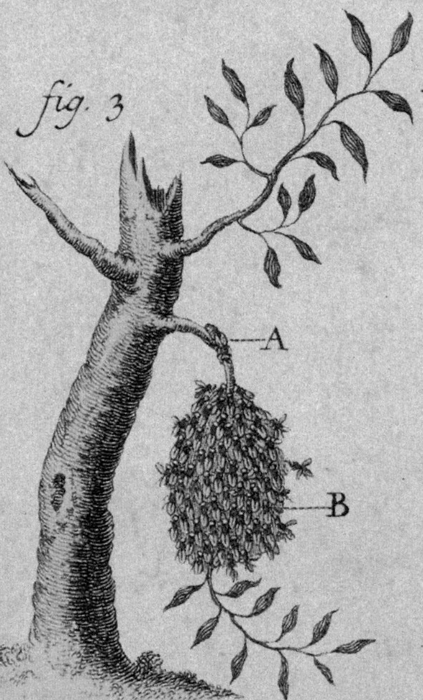

Fig. 2.

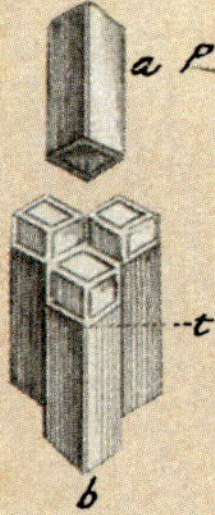

Fig. 3.

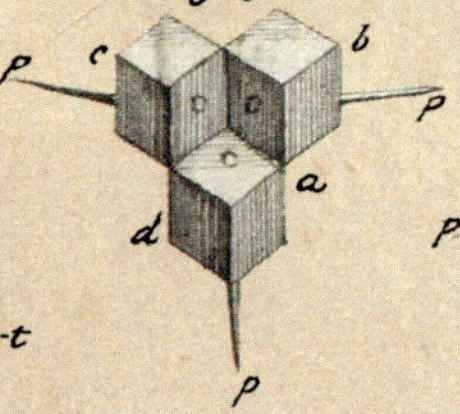

Fig. 4.

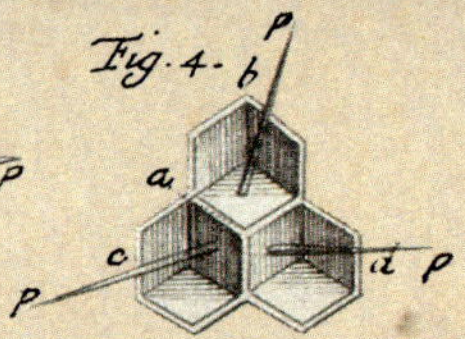

Fig. 5

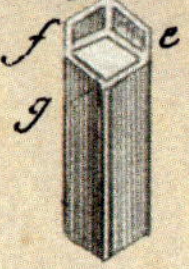

Fig.

Fig. 3

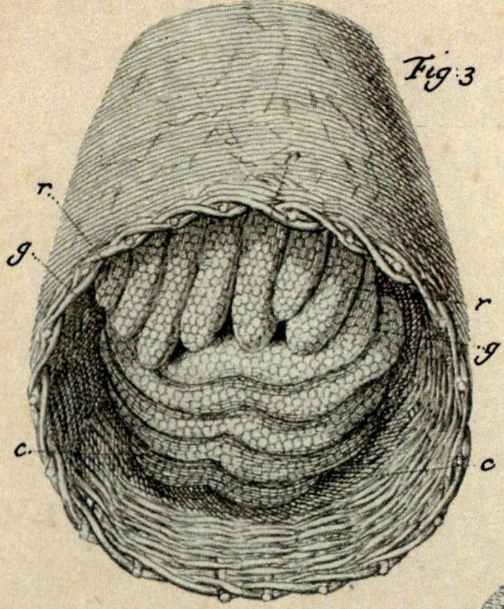

F

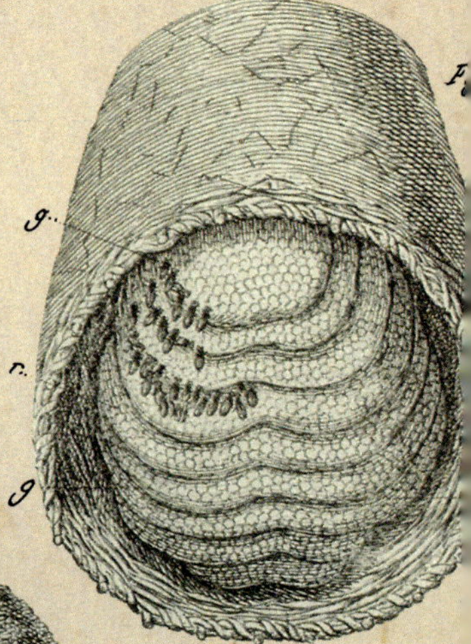

Fig. 1.

Fig. 7

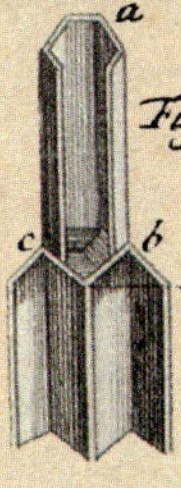

Fig. 4.

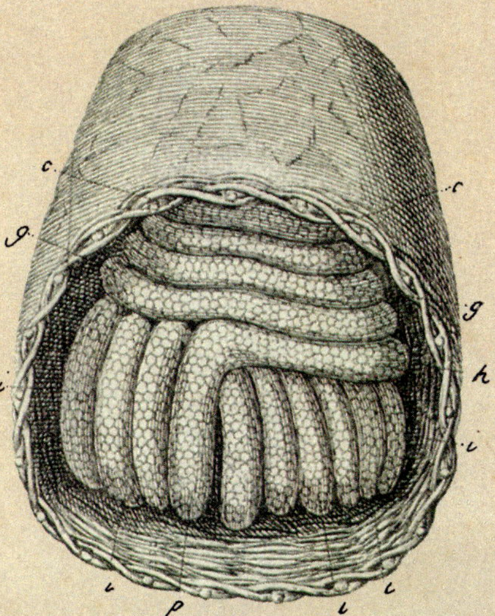

Fig. 4.

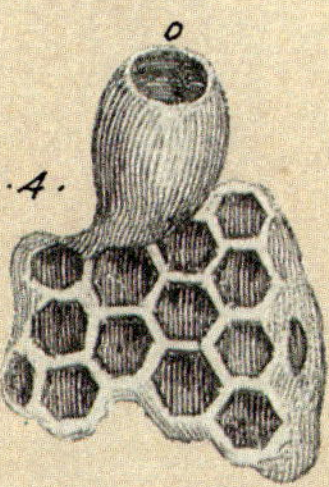

Fig. 6

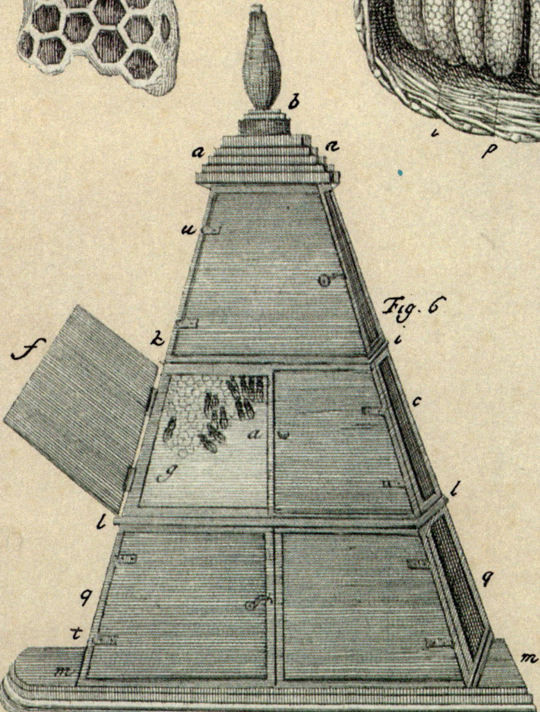

Fig. 2.

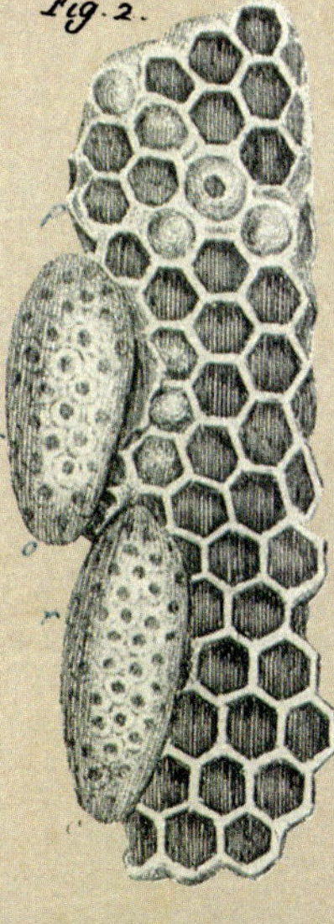

Fig. 2.

Fig. 3.

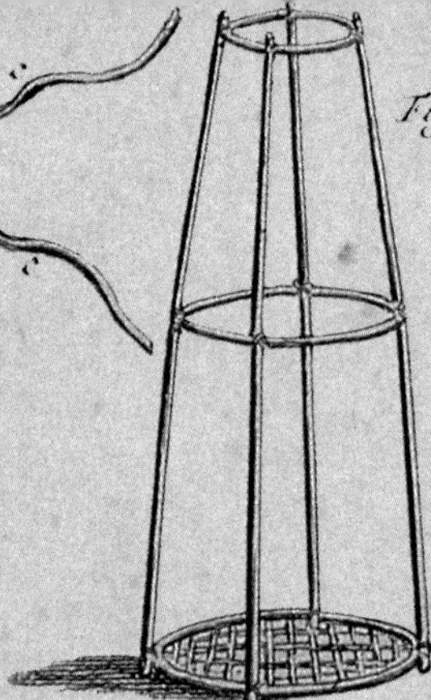

Fig. 6

Fig. 1.

Fig. 11.

Fig. 7.
Fig 8
Fig 9
Fig 10
Fig 5.

Bruno Corbara a suivi des études de psychologie et de biologie du comportement. Il vient de soutenir une thèse sur l'organisation sociale chez les fourmis. Naturaliste de terrain, il collabore régulièrement à diverses revues, dont *La Recherche.* Il a écrit deux livres sur les sociétés d'insectes et les migrations animales (Hachette, 1990). Il travaille actuellement au Japon, au laboratoire d'entomologie de l'université de Nagoya, où il poursuit ses recherches sur les insectes sociaux.

Dépôt légal : novembre 1991
Numéro d'édition : 48499
ISBN : 2-07-053107-4
Imprimerie Kapp Lahure Jombart, à Evreux

LA CITÉ DES ABEILLES

Bruno Corbara

DÉCOUVERTES GALLIMARD
HISTOIRES NATURELLES

« Le roi veille sur les travaux ; les abeilles le révèrent, elles bourdonnent autour de lui, lui font une cour nombreuse, le portent sur leurs ailes, lui font à la guerre un rempart de leur corps et cherchent pour le défendre, les blessures et une mort glorieuse ! »

Virgile, *Les Géorgiques*

CHAPITRE PREMIER

SCIENCES DE L'ABEILLE : DE L'ANTIQUITÉ À LA RENAISSANCE

Vision champêtre d'un Virgile au rucher (page de gauche), en quête d'inspiration, rédigeant ses vers dédiés à la mouche mellifère. Tirée d'un livre d'alchimie, cette abeille annelée : fantaisie pure ou évocation de la race italienne, *Apis mellifera lingustica,* louée par l'auteur des *Géorgiques* ?

Aristote, «le moderne perdu dans les vieux temps»

La science occidentale, de l'Antiquité gréco-romaine jusqu'à la fin du Moyen Age et la Renaissance, restera fortement marquée par le nom d'Aristote. Les écrits du philosophe grec (384-322 av. J.-C.), véritable inventeur de l'histoire naturelle et précurseur de la démarche expérimentale, demeureront inégalés pendant des siècles. Occultés, ils feront place à l'obscurantisme et aux superstitions les plus fantaisistes; redécouverts, en particulier par l'intermédiaire de manuscrits arabes, ils contribueront à l'émergence de la nouvelle culture scientifique de l'Occident chrétien.

Les écrits d'Aristote relatifs à l'abeille, îlots de savoir dans l'océan d'une culture véritablement

encyclopédique, illustrent la prodigieuse avance de cet esprit sur ses contemporains. Malgré l'importance économique de l'apiculture, il faudra attendre le XVIIe siècle pour que des éléments vraiment nouveaux viennent enrichir notre connaissance scientifique de l'insecte mellifère.

Bon observateur de l'abeille, Aristote a néanmoins négligé l'étude de son anatomie interne

Aristote a traité de l'abeille principalement dans trois de ses œuvres : *Histoire des animaux, Traité de la génération* et *Des parties des animaux*. Ne disposant d'aucun appareil optique permettant le grossissement, ses descriptions anatomiques dérivent

Parmi les animaux venimeux illustrant les poèmes médicaux de cette version médiévale du *Theriaca*, œuvre du Grec Nicandre de Colophon, les abeilles figurent à de multiples reprises. Le personnage qu'elles environnent semble les saluer plutôt que les craindre : lui prodigueraient-elles autant de douceurs que de venin?

Aristote, dont un artiste du XVe siècle a ici librement interprété les traits, ne serait pas le véritable auteur du livre IX de l'*Histoire naturelle*, entièrement consacré à l'abeille. Les spécialistes s'accordent à le penser mais divergent sur l'identité du «pseudo-Aristote». Pour d'aucuns, il s'agirait d'un apiculteur anonyme du IIIe siècle avant notre ère; pour d'autres d'un compilateur d'écrits perdus de Théophraste, le successeur d'Aristote à la direction du Lycée.

d'observations réalisées à l'œil nu et témoignent souvent d'un réel effort de précision. Le savant grec, qui classe l'abeille parmi les insectes, lui dénombre six pattes ainsi que «quatre ailes formées de membranes sèches et sans étui». Il précise, à propos de ces dernières, qu'elles «ne repoussent pas quand elles ont été arrachées». Il souligne le rôle des corbeilles (ces «creux que forment leurs pattes de derrière») dans la récolte, se fourvoyant totalement, à cette occasion, quant à la matière

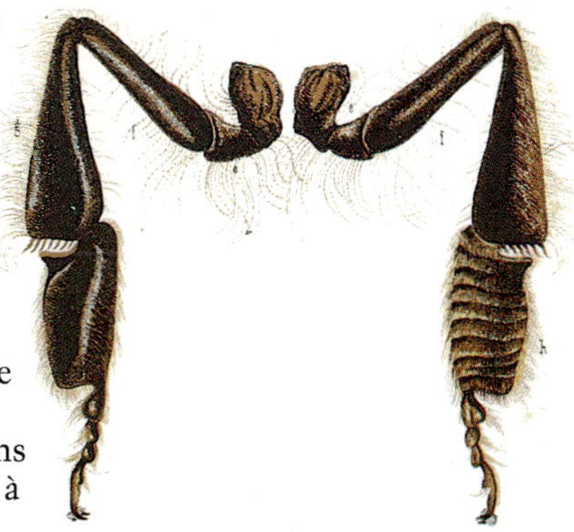

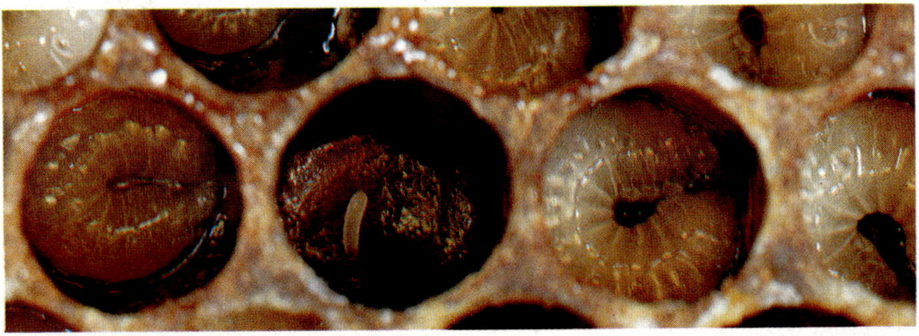

transportée (le pollen), qu'il prend pour de la cire. Les pièces buccales sont décrites par le philosophe comme une sorte de trompe «placée dehors, creuse, et de nature spongieuse, au moyen de laquelle l'abeille goûte et aspire sa nourriture». L'aiguillon est assez correctement observé : Aristote note fort justement que toute piqûre entraîne sa perte et la mort de l'insecte. Les stades de développement menant à l'adulte, «modifications progressives de l'œuf qui termine ses évolutions hors du sein de sa mère», sont étudiés dans le détail.

Aristote qui, semble-t-il, n'a jamais tenté de disséquer une abeille, va jusqu'à nier l'existence d'organes internes chez cette dernière : «A l'état

De l'œuf à la larve et de la larve à la nymphe. Mystères de la métamorphose et fascination du poète : «Comme prêtresse au sommeil et filles d'ailes dans la mue, ah! comme nymphes en nymphose parmi les rites d'abeillages – lingerie d'ailes dans leur gaine et faisceaux d'ailes en carquois (Saint-John Perse, *Vents*, 1, 3).

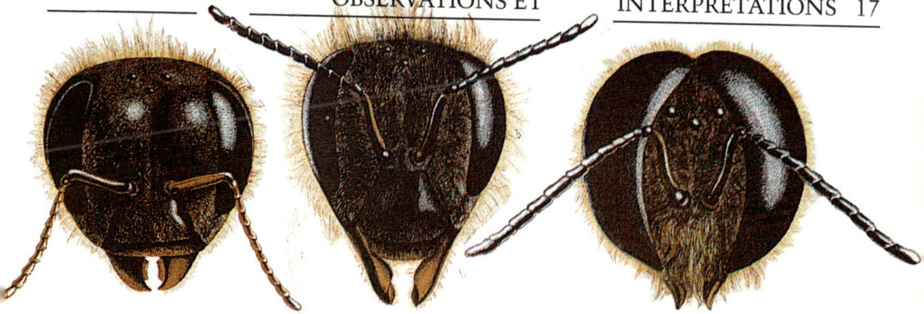

d'hibernation, souligne-t-il, son corps paraît diaphane et on ne lui voit rien dans la cavité abdominale.»

Portraits-robots des trois habitants de la ruche. De gauche à droite : bourdon, ouvrière, reine. Le mâle est doté d'énormes yeux à facettes qui l'aideront à poursuivre une future reine lors du vol nuptial.

Des observations souvent remarquables sur les mœurs des abeilles qui n'échappent cependant pas aux erreurs d'interprétation

Si Aristote note bien qu'il existe chez les abeilles des ouvrières «spécialisées dans chaque genre de travail», il ajoute : «ce sont les ouvrières âgées qui travaillent à l'intérieur, et elles sont velues parce qu'elles restent enfermées, tandis que les jeunes s'en vont à l'extérieur et sont plus lisses». Nous savons maintenant que c'est l'inverse qui est vrai, les jeunes ouvrières se consacrant aux activités internes, les plus vieilles étant les butineuses.

Le savant distingue trois catégories d'individus au sein de la ruche : le «roi», les «bourdons» et les «abeilles» qui correspondent respectivement à la reine (femelle reproductrice), aux faux-bourdons (mâles) et aux ouvrières (femelles non reproductrices) des apidologistes modernes. Ses observations lui permettront d'écrire à bon escient «qu'on ne voit jamais naître des abeilles dans une ruche où il n'y a pas de roi, mais qu'il peut y naître des bourdons». Le voici donc sur la voie de mettre en évidence l'étonnant mécanisme par lequel, chez l'abeille, toute femelle non fécondée,

A l'émergence, la jeune ouvrière s'extrait péniblement de sa cellule. D'abord impliquée dans les activités d'entretien du nid, elle deviendra ensuite nourrice, puis bâtisseuse, gardienne et enfin butineuse.

reine aussi bien qu'ouvrière, peut donner naissance (par le biais d'une parthénogenèse particulière) à un faux-bourdon. Parmi les hypothèses explicatives qu'il propose, Aristote évoque celle de l'hermaphroditisme selon laquelle «les abeilles [c'est-à-dire les ouvrières], ayant en elles-mêmes, comme les végétaux, le mâle et la femelle, engendrent les bourdons [les faux-bourdons] sans accouplement». Comment lui reprocher de ne pas avoir su imaginer la bonne solution si surprenante aux yeux mêmes du biologiste contemporain. Son mérite est d'autant plus grand que l'hypothèse de la génération spontanée allait, encore deux millénaires durant, jouir du plus grand succès. En témoigne la persistance de cette croyance, issue du mythe grec d'Aristée, selon laquelle les abeilles naissent du cadavre d'un bœuf en décomposition. Aristote, à l'encontre des autres philosophes et savants du monde antique, n'accorde aucun crédit à cette légende qui, au XIXe siècle, trouvera encore des partisans.

Pline l'Ancien et les auteurs latins n'apportent que fort peu d'informations nouvelles intéressant la biologie de l'abeille

Pline l'Ancien (23?-79 apr. J.-C.) reprend la légende du bœuf et des abeilles à son compte dans une *Histoire naturelle,* par ailleurs très fortement inspirée des écrits d'Aristote. Dans cet ouvrage, l'auteur latin s'intéresse beaucoup plus à l'apiculture qu'à la biologie de l'insecte. Les observations originales y sont rares et les amalgames avec des croyances sans fondement scientifique fréquents. Ainsi, Pline n'hésite pas à affirmer à propos du «roi» des abeilles (la

Contrairement à la légende, la chair en putréfaction n'est d'aucune façon la matrice d'où est issue l'abeille. La réalité est tout aussi merveilleuse à bien des égards. Les dizaines de milliers d'ouvrières et les centaines de faux-bourdons qui composent la société sont tous filles et fils d'une seule mère, la reine, dont l'abdomen gonflé d'œufs est un signe distinctif. Les femelles, reines ou ouvrières, naissent d'œufs normalement fécondés. Selon la nourriture que recevra la larve, elle deviendra ouvrière ou future reine. Les mâles, par une bizarrerie de la nature, naissent d'œufs non fécondés.

reine) que ce dernier «porte sur sa tête une tache blanche en forme de diadème» : voilà qui nous éloigne considérablement de la pertinence des descriptions de son illustre prédécesseur grec.

D'autres auteurs latins, tels Virgile, Caton, Varron ou Columelle évoquent l'abeille et l'apiculture dans leurs écrits mais ils reprennent en grande partie les informations données par Aristote ou Pline. Virgile en particulier consacre à l'abeille l'ensemble du quatrième chant de ses *Géorgiques*. Mais sa poésie et son imagination s'embarrassent peu d'exigences scientifiques.

Elien (193-235 apr. J.-C.), renouant avec la langue grecque, rédige un traité *Sur la nature des animaux*, inspiré de Pline et fortement teinté d'un anthropomorphisme qui annonce l'esprit des écrits zoologiques des siècles suivants. Parmi les nombreuses observations, souvent fantaisistes à nos yeux, que rapporte Elien, en voici une pour le moins

Sur cette gravure tirée d'une édition du XVIe siècle des *Géorgiques*, Virgile apparaît, rendant visite au rucher. Muni d'une poêle et d'un bâton, le personnage de gauche fait force bruit afin d'attirer à lui un essaim. Aristote rapporte également cette pratique, au demeurant inopérante, dans l'*Histoire naturelle*, mais affirme, dans la *Métaphysique*, que l'abeille est sourde. Allégations on ne peut plus contradictoires, confirmant l'existence d'un pseudo-Aristote.

surprenante. «Les abeilles, écrit-il, peuvent retrouver le roi grâce à une odeur spéciale qu'il exhale.» Elien ne décrit-il pas ainsi un des effets, récemment mis en évidence, de la *phéromone* royale, substance sécrétée par la reine et jouant, pour cette dernière, le rôle de carte d'identité chimique? Eu égard au contenu général de l'ouvrage, il est cependant permis de douter qu'il s'agisse là d'une affirmation reposant sur des observations sérieuses.

Le Moyen Age occidental, du *Physiologus* à Albert le Grand

Au second siècle de notre ère est rédigé le premier bestiaire chrétien : le *Physiologus*. Ce manuscrit, nettement empreint de moralisme religieux et d'anthropomorphisme, accorde quelques pages aux abeilles et à leurs mœurs. Les ouvrières y sont dépeintes comme les âmes des fils de l'Eglise chrétienne et la reine y est assimilée à l'archiprêtre, représentant de Dieu sur terre. L'esprit du

Physiologus marquera profondément les dix siècles suivants, les compilateurs médiévaux puisant simultanément dans ce recueil et dans les écrits gréco-romains, mêlant, le plus souvent au bénéfice des premières, références religieuses et thèmes aristotéliciens.

Religieux dominicain et grand esprit de son temps, Albert le Grand (1193-1280) renoue, quant à lui, avec une tradition d'observation dans son *De animalibus* paru en 1270. Les pages de cet ouvrage consacrées aux abeilles reprennent un grand nombre de références d'Aristote et de Pline. Néanmoins, Albert le Grand est le premier à s'intéresser à «une anatomie de l'abeille». «On

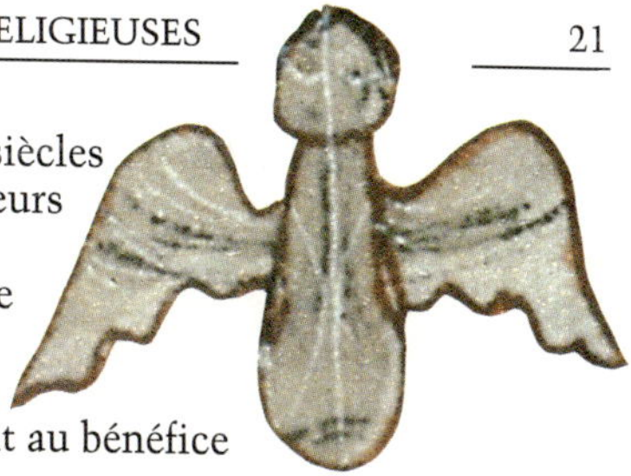

Dans les manuscrits du Moyen Age, les représentations d'abeilles frappent par leur fantaisie. Celles qui accompagnent ce couple de paysans ne sont identifiables qu'à la présence d'une ruche-panier. Quant à l'angelot de cette miniature anglaise, c'est sans doute en référence à l'abeille symbole de l'âme chrétienne qu'il représente l'insecte mellifère. Si l'artiste avait pu observer les ouvrières entourant la reine, nul doute qu'il les aurait vues se prosterner ! Excusons-le, les scientifiques du XXe siècle ne parlent-ils pas de la reine et de sa cour ?

Lors des multiples léchages qu'elles administrent à la reine, les ouvrières absorbent une substance recouvrant le corps de celle-ci. Cette substance royale, transmise à toutes les abeilles de la société lors d'échanges de nourriture, bloque le développement de leurs ovaires. Ainsi, seule la reine est apte à pondre.

«La sueur du ciel»

Aristote pensait que le miel provenait de l'air, les abeilles se contentant de le récolter sur les plantes. Pline reprenant la même idée, assimile le miel à une «sueur du ciel, sorte de salive des astres ou suc des airs qui se purifient» (*Historia Naturalis*). Pour l'érudit latin Varron (116-27 av. J.-C.) ce sont bien les abeilles qui fabriquent le miel : elles «picorent au dehors, et c'est à l'intérieur qu'elles mettent en œuvre leur butin» (*De re rustica*). Plus prudent, Sénèque s'interdit de trancher en faveur de l'une ou de l'autre théorie; il écrit en particulier : «On n'est pas très bien fixé sur le point de savoir si le suc qu'elles butinent sur les fleurs est incontinent du miel, ou bien si elles changent en miel le produit de leur récolte grâce à quelque mélange ou à certaine propriété particulière de leur haleine» (*Epîtres*).

Les ennemis de la ruche

Parmi les ennemis de la ruche, Aristote cite l'ours. La passion de cet animal pour le miel, est une idée bien ancrée dans l'imaginaire populaire. S'il est vrai que le rucher aura du mal à se remettre de cette visite (ci-contre), l'ours par sa rareté n'était pas le plus à craindre. D'autres ennemis cités par l'auteur grec : guêpes, mésanges, hirondelles, guêpiers ou grenouilles, s'ils prélèvent pour se nourrir quelques mouches à miel, n'ont jamais, quant à eux, menacé sérieusement l'avenir d'une ruche. Le véritable péril pour la ruche vient en fait des «ennemis de l'intérieur», fausse-teigne et poux des abeilles déjà connus au temps des auteurs classiques, et surtout, de nos jours, la varroa, acarien venu d'Asie se nourrissant de l'hémolymphe (le sang) des abeilles.

trouve chez elle, écrit-il, à la partie postérieure du corps après l'étranglement de l'abdomen un petit sac brillant et transparent et, lorsqu'on le sent, il a une légère odeur de miel. Du reste, on trouve encore dans le corps un tube digestif plus mince et moins enroulé et des cordons filiformes auxquels est fixé l'aiguillon.»

L'insecte figuré en gros plan sur cette gravure ressemble à une abeille, même si l'on fait abstraction de la ruche-tronc dont il vient de sortir. L'artiste s'y est appliqué, respectant l'esprit d'Albert le Grand dont il illustre les écrits.

En Orient, les auteurs arabes s'inspirent à la fois d'Aristote et du Coran

Le premier auteur arabe connu qui consacre une place importante à l'abeille dans ses écrits est Al-Jâhiz, qui vécut à Bassra (actuel Irak) au IXe siècle. Dans son *Kitâb al-Hayawân* («Livre des animaux») il mêle observations personnelles, données empruntées à Aristote et références au Coran. Il insiste en particulier sur «l'intelligence» des abeilles, que

dénotent l'habileté de leur travail et l'organisation de leurs activités. Quatre siècles plus tard, Al-Qazwînî dans sa *Cosmographie* s'intéresse tout spécialement aux constructions des abeilles. Frappé par la régularité géométrique des alvéoles, il explique comment le choix de la forme hexagonalc permet le meilleur gain de place, par opposition aux formes carrées ou rondes. Dans son *Kitâb Hayât al-Hayawân al-Kubrä*, achevé en 1371, Damîrî, professeur à la célèbre université al-Ahzar du Caire, rédige une importante compilation de données sur l'abeille et sur le miel. Les paroles attribuées au prophète Mahomet y sont primordiales ainsi que les indications d'ordre médical relatives aux multiples usages du miel.

Al-Maqrîzî, quelques années plus tard, réunit dans un même ouvrage la somme des connaissances apidologiques et apicoles de son époque. Y sont abordés successivement la biologie de l'abeille, les techniques de récolte du miel et de la cire, les différents types de ruches utilisées, la multiplication des essaims, les plantes mellifères puis une étude des écrits des Anciens (dont Aristote) et des paroles du Prophète. Quelques questions juridiques relatives aux abeilles (est-il permis de les vendre?), une série de récits historiques et folkloriques sur le miel et les

« Ton Seigneur révéla à l'Abeille : "Habite les montagnes, les arbres et les ruches; puis mange de tous les fruits et suis humblement les voies de ton Seigneur." Il sort de leur ventre une boisson de diverses couleurs, salutaire pour les hommes. En cela, il y a un signe pour des gens qui réfléchissent» (*Coran*, XVI, 68-69). Objet d'interprétations diverses, cette sourate inspira à ses commentateurs un profond respect pour les abeilles, parfois élevées au rang de prophète.

Les écrits zoologiques et les bestiaires qui paraissent aux XVe et XVIe siècles apportent peu d'informations intéressantes sur l'abeille. A la même période, d'excellents traités d'agriculture, faisant une grande place à la pratique apicole, voient le jour avec la publication en 1553 de *La Maison rustique* de Jean Liébault et Charles Etienne et, dix ans plus tard, du *Théâtre d'agriculture* d'Olivier de Serres. Pas plus que les précédents néanmoins, ces ouvrages ne feront progresser les connaissances relatives à la biologie de l'abeille.

cierges de cire, puis enfin une poésie sur la bougie, sa lumière et sa vie éphémère, viennent clore l'ouvrage.

Aldrovandi et les bestiaires de la Renaissance

Ulysse Aldrovandi (1522-1605), aux dires de Buffon «le plus laborieux et le plus savant des naturalistes», est de par sa «prolixité accablante» un des seuls représentants de son siècle à s'être intéressé aux insectes. Dans son *De animalibus insectis* paru à Bologne en 1602, il fait le tour des connaissances de son époque sur l'abeille. Si ce texte est très intéressant pour ce qui concerne les informations d'ordre folklorique (Aldrovandi y aborde la

Galerie de portraits d'insectes auxquels, malgré l'effort dans la figuration, il serait hasardeux de donner un nom. Comment ne pas répondre par un sourire à celui que semble adresser cet hyménoptère au lecteur d'Aldrovandi ?

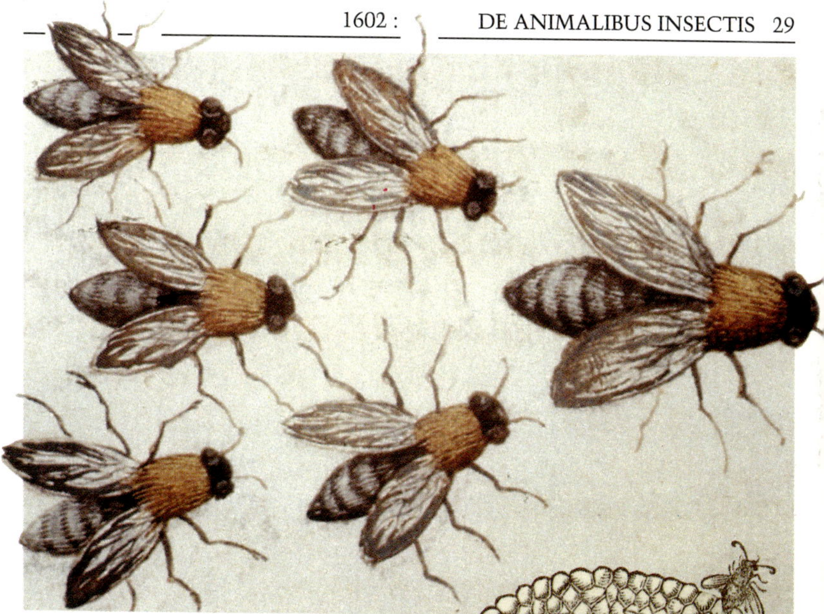

symbolique et la mystique de l'abeille, les histoires et les proverbes qui ont trait à cet insecte...), il ne rapporte aucune nouveauté d'ordre scientifique et reste en cela dans la filiation directe des écrits médiévaux. Les autres bestiaires de la Renaissance ne vont guère plus loin, même ceux de Léonard de Vinci (1452-1519), qui s'est essayé à ce genre dans sa jeunesse. Un siècle plus tard, c'est malgré tout d'Italie que l'évolution des idées et le progrès des techniques permettront d'avoir une vision nouvelle de l'insecte.

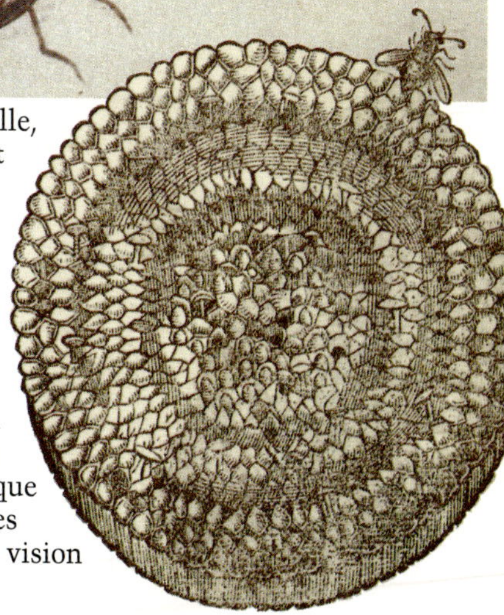

Aldrovandi, dans son *De animalibus insectis*, est le premier auteur à proposer une classification des insectes en progrès par rapport à celle d'Aristote.

VRBANO VIII·PONT·OPT·MAX
Cùm accuratior ΜΕΛΙΣΣΟΓΡΑΦΙΑ,
à LYNCEORVM ACADEMIA,
in PERPETVAE DEVOTIONIS Symbolum
ipsi offerretur.
Magne Parens rerum, cui se Natura volentem
Subijcit, et dominos collocat ante pedes,
Respice, Natura quà nil præstantiꝰ omni,
E BARBERINAE stemate Gentis APEM:
Hāc vti Lyncëidum, ꝑpiori lumine lustrans,
Disposuit Tabulis, explicuitq; labor.
Cæsiadę Genio sacrum stimulante laborem,
Palladis et promptos arte iuuante viros,
Maxima dum tereti surgunt miracula vitr
Maioremq; oculus discit habere fide
Quis nôrat quinas Hybleo in corpore lingu
Atque leoninæ proxima colla iubæ,
Hirsutósq; oculos, binásque labris vagina
Ni facerent artis diā reperta noua
Sic decet, vt dum te mirādū suspicit Orbi
Et mage mirandā se Tua præstet APIS
IVSTVS. RIQVIVS. LYNCEVS - BELGA DEDIC.
FRANCISCVS STELLVTVS LYNCEVS FABR. MICROSCOPIO

« Moi aussi j'ai examiné au microscope les abeilles et les diverses parties de leur corps dont j'ai ici essayé de rendre la forme... J'ai également représenté séparément tous les organes que j'ai découverts au microscope avec une joie égale à mon émerveillement, puisque ni Aristote ni aucun autre philosophe et naturaliste ne les a jamais connus... »

Francesco Stelluti,
Traduction des *Satires* de Perse, Rome, 1630

CHAPITRE II
SCIENCES DE L'ABEILLE : LES MODERNES

L'*Apiarium* de Cesi et Stelluti, dont le frontispice s'orne de trois abeilles, vues de dessus, de dessous et de côté, est le premier recueil connu décrivant des animaux observés au microscope. Sa rédaction marque l'ouverture d'une ère nouvelle pour la science des insectes et de l'abeille.

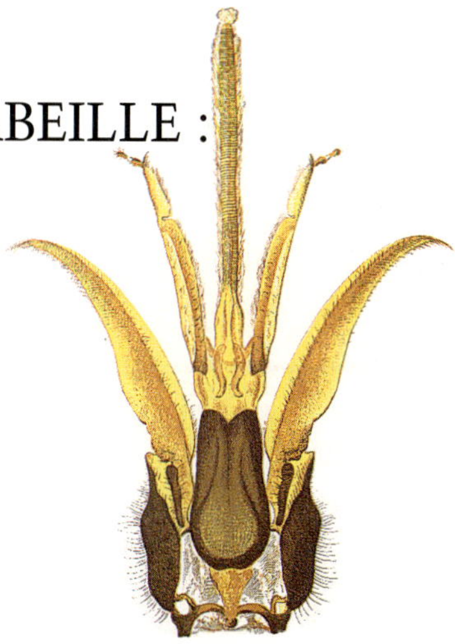

L'abeille, les Lynx et la Sainte Inquisition

Au début du XVIIe siècle, la science zoologique connaît un véritable renouveau avec l'apparition d'un instrument révolutionnaire : le microscope. Ce dernier, dont l'invention peut être attribuée à Galilée, doit son nom à Giovanni Faber, l'un des membres de la célèbre *Accademia dei Lincei* («l'académie des Lynx») de Rome, petit groupe de savants italiens auquel appartenait l'illustre astronome.

En 1624, Galilée fait parvenir un microscope de sa fabrication au prince Federigo Cesi (1585-1630), fondateur de l'Académie. Dans une lettre accompagnant son cadeau, il souhaite à son correspondant d'éprouver autant de plaisir qu'il en a eu lui-même dans l'utilisation de ce nouvel instrument de connaissance : «vous avez maintenant la possibilité d'observer des milliers et des milliers de détails et je vous demanderais de m'informer des plus curieux d'entre eux» écrit-il au prince. Fidèle aux recommandations de Galilée, Cesi fait bon usage de son

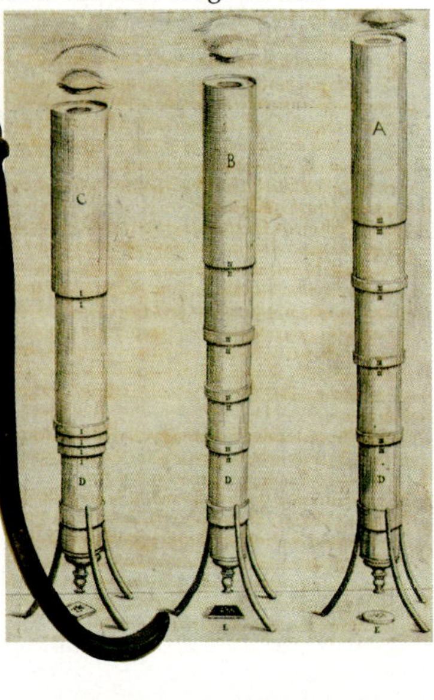

Le petit groupe de savants italiens qui fonda l'académie des Lynx s'était donné pour emblème un animal doté d'une vue perçante, lui «permettant la découverte de choses nouvelles». Choix judicieux, si l'on considère l'usage que fit l'illustre Galilée de ses instruments d'optique, dans ses études de l'infiniment petit et de l'infiniment grand. Des premiers microscopes construits par le savant de Pise, bien qu'il en eût offert à de nombreuses personnalités éprises de science, il ne reste aucun exemplaire. Leur principe de construction était identique à celui de ses télescopes : un tube allongé muni de deux lentilles ou plus. Dès la seconde moitié du XVIe siècle, des instruments plus perfectionnés, permettant des grossissements variables, souvent richement décorés, virent le jour.

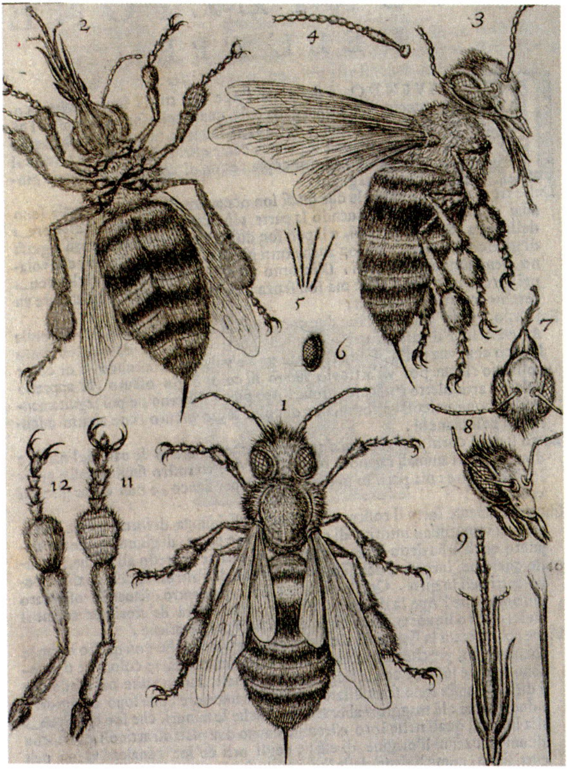

L'*Apiarium*, dont la version de 1625 avait surtout pour les Lynx un but de propagande, ne fut pas diffusé. L'Académie, dont un des objectifs était la publication de livres scientifiques, n'y parvint pas, en raison de la mort prématurée du prince Cesi. Ce dernier, qui s'était attelé à cette tâche, avait le projet d'en faire un ouvrage différent, débarrassé de ses considérations diplomatiques et dans lequel les gravures seraient mieux exploitées. En 1630, Stelluti profita de l'édition d'une traduction italienne des *Satires* du poète latin Perse pour y inclure quelques planches de mémoire, dont celle-ci, qui, outre l'insecte en entier, présente en détail la tête, les pattes et les pièces buccales.

microscope puisque c'est l'abeille qui devient son principal objet d'étude. En association avec Francesco Stelluti (1577-1646) qui est sans doute l'auteur d'une grande part des observations, il fait paraître à Rome, en 1625, un mémoire intitulé *Apiarium*. Ce dernier comporte des planches d'une remarquable précision où sont représentés pour la première fois certains détails anatomiques de l'abeille grossis vingt fois : yeux composés, pièces buccales, antennes, pattes et aiguillon.

Dédié au pape Urbain VIII, Maffeo Barberini, dont les armoiries s'ornaient de trois abeilles, l'*Apiarium* était pour ses auteurs et pour l'académie des Lynx une tentative de se concilier les grâces de l'Eglise. Cette dernière était alors peu encline à encourager les

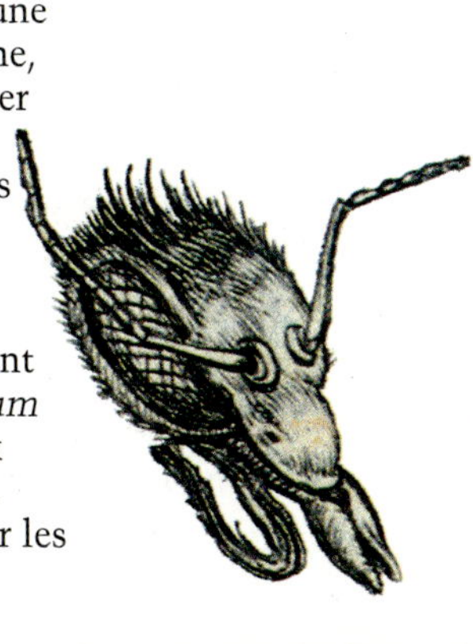

innovations scientifiques, ainsi qu'allaient l'illustrer les démêlés de Galilée avec le tribunal de l'Inquisition.

Avec Swammerdam et le développement des techniques de la microscopie, l'anatomie interne de l'abeille devient accessible

D'autres microscopistes, au cours du siècle de Cesi et Stelluti, s'intéressent à l'étude de la morphologie de l'abeille. Parmi ceux-ci, Leeuwenhoek (1632-1723), le plus célèbre représentant de l'école hollandaise qui possédera, selon la légende, jusqu'à 247 microscopes. Mais c'est avec le médecin et physiologiste hollandais Jan Swammerdam (1637-1680) que l'anatomie interne de la mouche à miel commence à livrer ses secrets.

«Martyr de la patience, Galilée de l'infiniment petit», selon les termes de Michelet, Swammerdam est sans conteste le plus grand microscopiste zoologiste de son temps. Ses études sur l'abeille, réunies dans une *Bybel der Natur* dont le manuscrit a échappé de justesse à la destruction, ne

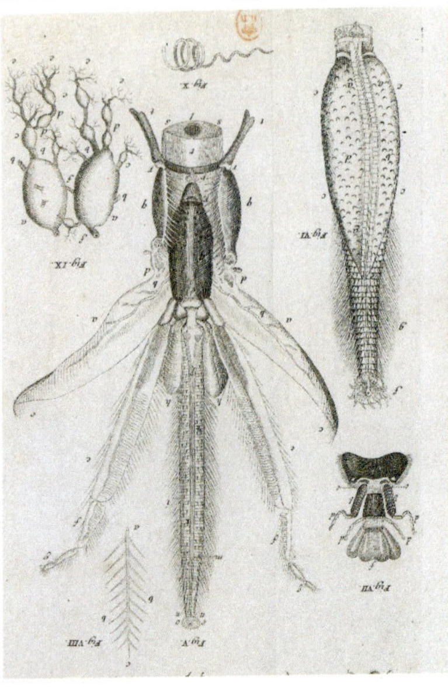

seront traduites en latin et publiées que fort longtemps après sa mort (1737-1738). Entre autres parties du corps de l'abeille, fidèlement reproduites, l'auteur y décrit, pour la première fois, les appareils digestif, respiratoire et circulatoire. Pour y parvenir, Swammerdam a mis au point un grand nombre de techniques de dissection et de micro-injection, où il a su acquérir une dextérité jusqu'alors inégalée. Il est le premier observateur à mettre en évidence le sexe de la reine, et à montrer qu'elle engendre tous les membres de la ruche et que les faux-bourdons sont des mâles. Sa description des organes génitaux est remarquable. En particulier, il repère et décrit la spermathèque de la reine (réservoir dans lequel est emmagasinée la semence mâle servant à féconder les œufs) sans néanmoins élucider son rôle. Swammerdam considère que les ouvrières sont de sexe neutre; il n'a pas vu ce que nous connaissons maintenant, à savoir que ce sont des femelles aux ovaires régressés et privées de spermathèque.

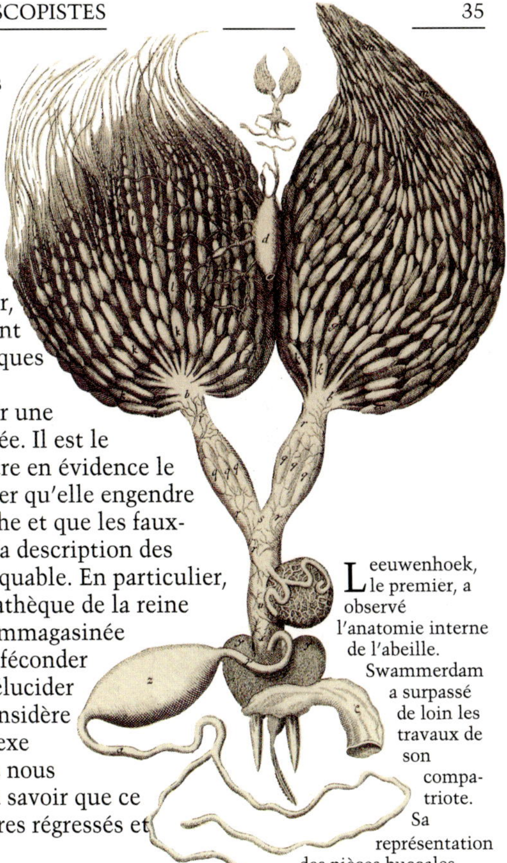

Leeuwenhoek, le premier, a observé l'anatomie interne de l'abeille. Swammerdam a surpassé de loin les travaux de son compatriote. Sa représentation des pièces buccales (page de gauche) est saisissante de précision. La gravure décrivant l'appareil génital de la reine (ci-contre) est d'une telle finesse qu'on peut la considérer, trois siècles plus tard, comme toujours valable. On y distingue clairement les deux ovaires, l'oviducte ainsi que le vagin.

Si Buffon a marqué profondément la zoologie du XVIIIe siècle, son désintérêt pour les insectes n'a eu d'égal que la passion de Réaumur à leur égard

Parlant des abeilles et de ceux qui se consacraient à leur étude, le grand Buffon (1707-1788) n'hésitait pas à affirmer : «Une mouche ne tient pas dans la tête d'un naturaliste plus de place qu'elle n'en tient dans la nature, et cette république merveilleuse ne sera jamais aux yeux de la raison qu'une foule de petites bêtes qui n'ont d'autre rapport

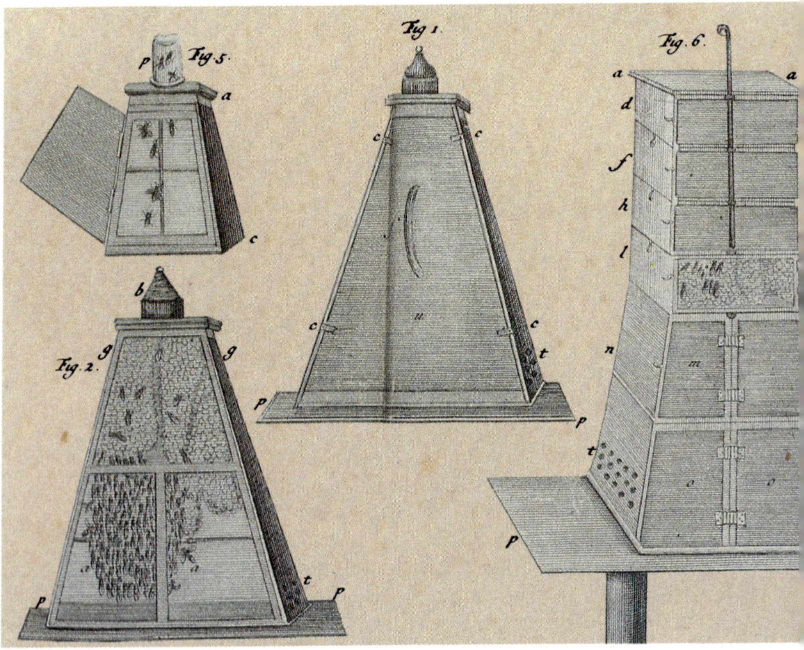

avec nous que celui de nous fournir de la cire et du miel.» Fort heureusement pour les connaissances apidologiques, tous les hommes de science du XVIIIe siècle ne sont pas de l'avis du par ailleurs génial rédacteur de l'*Histoire naturelle*. L'œuvre de Réaumur en est assurément la plus vivante illustration.

«Esprit encyclopédique en dehors de l'Encyclopédie», Réaumur apparaît comme le précurseur de l'entomologie et l'éthologie modernes

René Antoine Ferchault de Réaumur (1683-1757) a été tout à la fois physicien (on lui doit l'invention d'un thermomètre), métallurgiste (il a mis au point des procédés de fabrication de l'acier), biologiste et sans conteste l'un des fondateurs de l'entomologie moderne. Ses travaux en «insectologie», c'est le terme en usage à l'époque, sont réunis dans les six volumes de ses *Mémoires pour servir à l'histoire des insectes*. Le tome V des *Mémoires* est un volumineux

L'idée d'utiliser une ruche d'observation n'est pas nouvelle. Au XIVe siècle, Damîrî, de l'université al-Ahzar, rapporte qu'Aristote aurait conçu un tel dispositif, sans préciser toutefois les matériaux utilisés par le savant grec. Selon Pline, un consul romain aurait, dans le même but, fait usage de corne transparente. Cependant, la première réalisation indéniable est attribuable à Réaumur qui construisit plusieurs ruches vitrées afin de mener à bien ses multiples recherches.

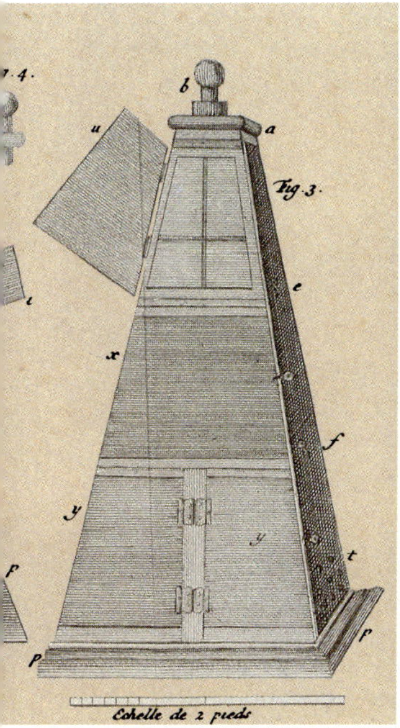

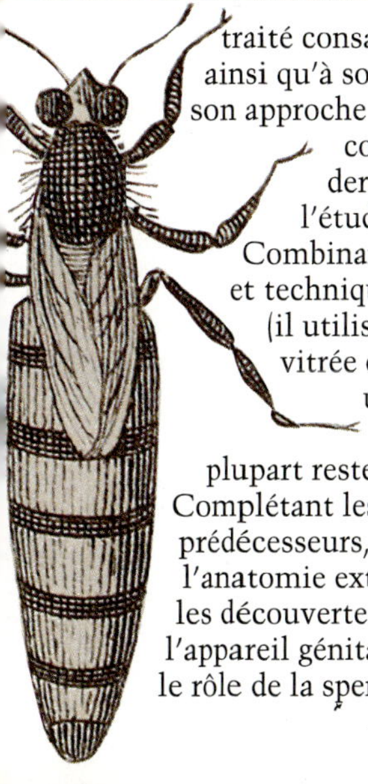

traité consacré à la biologie de l'abeille ainsi qu'à son éthologie. Réaumur, par son approche originale, peut être considéré comme un précurseur de cette dernière science dont l'objet est l'étude du comportement animal. Combinant démarche expérimentale et techniques modernes d'observation (il utilise en particulier une ruche vitrée de sa conception) il accumule une quantité remarquable de données nouvelles dont la plupart restent valables de nos jours. Complétant les observations de ses prédécesseurs, il affine la description de l'anatomie externe de l'abeille et précise, les découvertes de Swammerdam sur l'appareil génital de la reine en éclaircissant le rôle de la spermathèque.

“ En relisant les *Mémoires sur les abeilles* publiés par Réaumur en 1740, écrit Jean Toriais, on demeure surpris de la précision incomparable, de l'exactitude minutieuse, des observations et des planches qui les illustrent, de l'actualité du texte.» Et le biographe d'ajouter, à propos du célèbre insectologiste qu'un artiste a représenté sur cette gravure en train d'observer des chenilles : «S'il n'a pas pu tout voir, on peut affirmer que le temps seul en a été la cause.»

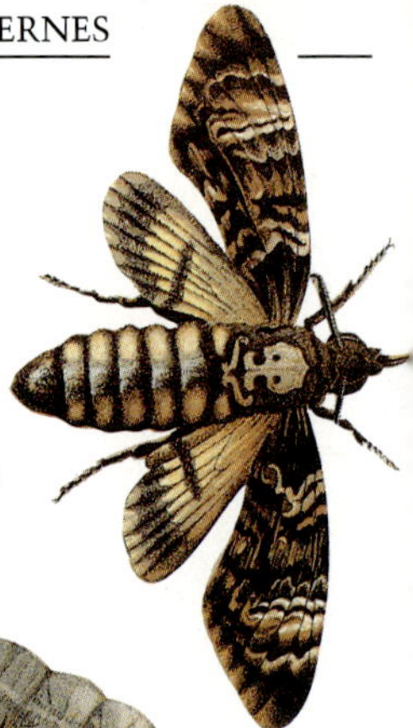

Réaumur fait preuve d'une curiosité insatiable : en témoigne la diversité de ses recherches sur l'abeille

Les Mémoires rapportent foule d'expérimentations : l'insectologiste étudie ainsi le nombre d'entrées et sorties dans une ruche, il calcule la quantité de pollen ramenée par les butineuses, évalue (par pesage) l'effectif d'un essaim, décrit le massacre des reines surnuméraires par la première-née, met en évidence la régulation thermique de la ruche. Il décrit avec précision l'évolution et l'anatomie des divers stades du couvain : œufs, larves et nymphes. Il observe la régurgitation de miel aux larves par les ouvrières et leur approvisionnement en gelée royale. Par un procédé astucieux, consistant à plonger une ruche entière dans l'eau froide afin d'engourdir les insectes, il est le premier à donner une estimation précise des effectifs d'une société d'abeilles.

Notons, à ce propos, qu'en expérimentateur soucieux du sort de ses abeilles bien-aimées, Réaumur leur donne la possibilité de survivre, en les réchauffant ensuite auprès d'un feu. Au cours d'un tel essai, il dénombre une reine, 700 mâles et 26 426 ouvrières dans une même ruche. Ne dédaignant pas les applications pratiques de ses travaux, il prodigue également de nombreux conseils aux apiculteurs et s'intéresse aux ennemis naturels de la ruche.

Dans un retour à ses premières préoccupations intellectuelles d'étudiant géomètre, il se passionne pour la construction des «gasteaux de cire». Associé au mathématicien Koenig, élève des célèbres frères Bernouilli, il démontre que la forme de la cellule, un prisme hexagonal, correspond à un maximum de capacité pour une dépense minimale de cire. Cependant, Réaumur, qui pense que cette substance est élaborée dans le tube digestif de l'ouvrière, n'a pas élucidé l'origine de la cire. Ce n'est qu'à la fin du siècle que le révérend Duchet, dans sa *Culture des*

Appelé Sphinx à tête de mort en raison du dessin macabre ornant son thorax, ce papillon (page de gauche,en haut), qui pénètre dans les ruches pour se nourrir de miel, n'est pas le seul ennemi des abeilles. Dans son treizième et dernier *Mémoire*, Réaumur décrit les mœurs d'un autre papillon nuisible à la ruche, la fausse-teigne, qui, adulte, pond ses œufs sur les rayons. Ses chenilles (page de gauche, au milieu) s'y développent en y creusant des galeries et en se nourrissant de cire. Réaumur a également bien observé l'anatomie du «pou des abeilles» (page de gauche, en bas). Il s'agit, en fait, d'un diptère qui vit sur le corps de ses victimes et leur fait régurgiter leur nourriture. Observateur hors pair, Réaumur était également habile expérimentateur. En témoigne cette planche des *Mémoires* (ci-contre) qui illustre comment il parvint à déterminer le nombre d'ouvrières constituant un essaim. En pesant ce dernier sur sa branche, il put estimer son effectif à 40000 individus, en s'évitant ainsi un comptage fastidieux qui, de plus, aurait requis la mort des abeilles.

abeilles, publiée en 1771, décrira précisément les écailles de cire produites sous l'abdomen des ouvrières.

Figure de premier plan pour la science de son temps, Réaumur a suscité de nombreuses vocations entomologiques

A dix reprises directeur de l'Académie des sciences de Paris (de 1713 à 1752), Réaumur a exercé une grande influence sur la communauté savante de son époque et a su attirer à lui de nombreux collaborateurs et

disciples. Parmi ces derniers, Gilles Auguste Bazin, faisant œuvre de vulgarisateur des travaux du maître, publiera une *Histoire des abeilles* en deux volumes, popularisant les données apidologiques des *Mémoires*.

Charles Bonnet, disciple et correspondant de Réaumur, s'avère tout aussi habile insectologiste dans ses études sur les fourmis et les pucerons. Chez ces derniers, il découvre le phénomène de la parthénogenèse par lequel des femelles non fécondées donnent naissance à d'autres femelles. Ceci le met en butte à l'influence toujours importante de l'Eglise : de savants jésuites fustigeant ses propos quand il parle trop à loisir «de ces vierges qui enfantent». Bonnet, par son influence et ses écrits, déterminera la carrière du second grand apidologue du siècle : François Huber.

Huber, «l'aveugle visionnaire» de Genève

L'histoire naturelle a marqué de son empreinte la famille Huber de Genève. Fils de Jean Huber, auteur d'une *Observation sur les oiseaux de proie*, François Huber (1750-1831), digne successeur de Réaumur, complétera les travaux de ce dernier dans ses *Nouvelles observations sur les abeilles* parues en 1792 sous forme de lettres adressées à Charles Bonnet. Son fils, Pierre Huber, ne quittera pas le champ des insectes sociaux et offrira à la postérité ses remarquables *Recherches sur les mœurs des fourmis indigènes*.

On conçoit une admiration d'autant plus grande pour l'œuvre de François Huber que l'on sait que, atteint d'une maladie des yeux, cet ingénieux expérimentateur devint totalement aveugle à l'âge de vingt ans. C'est avec l'aide de son domestique François Burnens, lui faisant office d'assistant, qu'il

Pour construire les cellules, les ouvrières, dont les glandes cirières sont bien développées, forment une chaîne cirière. Elles se passent de l'une à l'autre des boulettes de cire malaxée, jusqu'à une bâtisseuse qui façonne les fines parois de la cellule.

Quand la vieille reine disparaît, certaines larves sont élevées dans des cellules plus grandes que celles abritant les ouvrières. Jusqu'à leur nymphose, elles sont exclusivement alimentées par la gelée royale que sécrètent les nourrices. La première reine qui émergera tuera alors toutes les autres.

entreprend ses premières recherches : Huber imagine les expérimentations, Burnens les exécute. L'apidologiste genevois s'assure des compétences de ce dernier en reproduisant certaines expériences de Réaumur. A ce propos il écrit : «Nous obtînmes exactement les mêmes résultats lorsque nous employâmes les mêmes procédés. Cet accord de nos observations avec les siennes me fit un extrême plaisir, parce qu'il me donnait la preuve que je pouvais m'en rapporter absolument aux yeux de mon élève.»

De cette collaboration originale sont issues de précieuses découvertes. Huber montre en particulier que les ouvrières sont des femelles, capables de produire des œufs donnant des mâles, ce qui avait échappé à Swammerdam. Il explique

En 1814, François Huber présenta un modèle de ruche dont les douze cadres, reliés d'un côté par des charnières, s'ouvraient comme les pages d'un livre. Si son intérêt se voulait apicole (il s'agit d'un des premiers modèles où les cadres sont mobiles), cette ruche aura surtout permis au savant genevois et à son assistant de mener à bien leurs remarquables observations sur les mœurs de l'abeille.

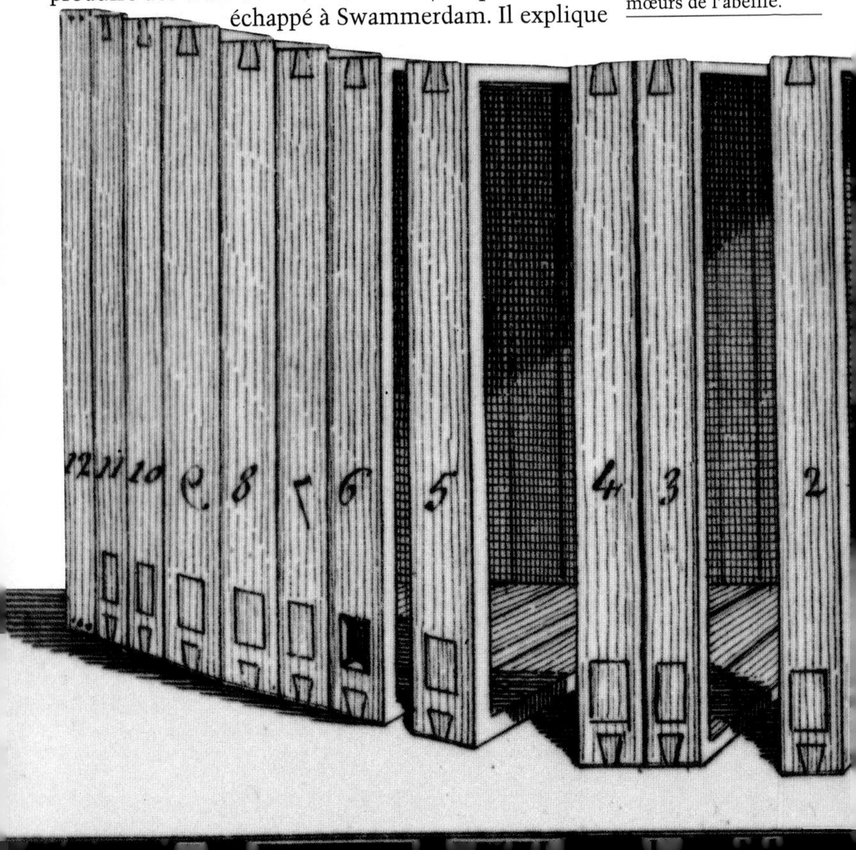

pourquoi Réaumur n'a jamais pu observer d'accouplement, celui-ci n'ayant pas lieu dans la ruche mais au cours d'un vol nuptial. Néanmoins, c'est à l'apiculteur autrichien Anton Jantscha (1734-1773) que revient la priorité de cette découverte, dont un compte rendu est publié en 1771.

Avec le XIXe siècle, l'essort de la science biologique est tel que les découvertes ne se rattachent plus à quelques noms isolés et que de nombreuses contributions scientifiques viennent enrichir nos connaissances sur la biologie de l'abeille. Retenons seulement la découverte de l'Allemand Johannes Dzierzon, curé de Carlsmark en Silésie, qui, vingt-deux siècles après que le problème de la naissance des mâles dans des ruches sans reine a été soulevé par Aristote, en découvre le mécanisme : la parthénogenèse. Une parthénogenèse d'un type particulier qui veut que d'un ovule non fécondé, c'est-à-dire d'une cellule femelle, naisse un individu mâle. Les abeilles partagent cette particularité avec l'ensemble des Hyménoptères, groupe qui englobe, à l'exception des termites, la totalité des insectes sociaux.

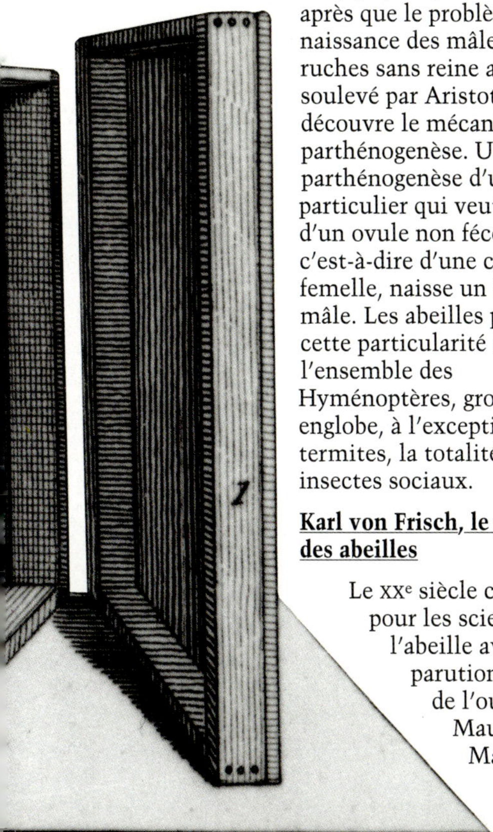

Karl von Frisch, le prix Nobel des abeilles

Le XXe siècle commence pour les sciences de l'abeille avec la parution en 1901 de l'ouvrage de Maurice Maeterlinck :

Lorsqu'il décrivit pour la première fois la danse par laquelle une butineuse est capable de transmettre à ses congénères l'emplacement d'une source alimentaire, von Frisch dut se heurter au scepticisme d'un grand nombre de ses collègues scientifiques. Qu'un insecte, animal au cerveau si minuscule, puisse communiquer, de façon symbolique, des informations directionnelles, sur la base de la position du soleil, leur semblait pour le moins une vue de l'esprit. S'il leur fallut près de quarante années, les plus sceptiques durent malgré tout se rendre à l'évidence, alors qu'étaient décryptés les principaux paramètres de ce langage dansé dont on a même découvert des variations dialectales.

La Vie des abeilles. Si par son ton fortement emprunt de lyrisme il ne s'agit pas à proprement parler d'un traité scientifique, ce livre reste encore de nos jours le best-seller de la littérature traitant de l'abeille.

De ce siècle cependant, si la science de l'abeille ne doit retenir qu'un seul nom, nul doute qu'il s'agira de celui de Karl von Frisch. Né à Vienne en 1886, von Frisch, après des études de médecine, renoue avec une vocation précoce de zoologiste en s'intéressant tout d'abord à la vision des poissons, puis à celle des insectes. C'est ainsi qu'il se consacre progressivement à l'apprentissage visuel chez l'abeille. Ses investigations connaissent un

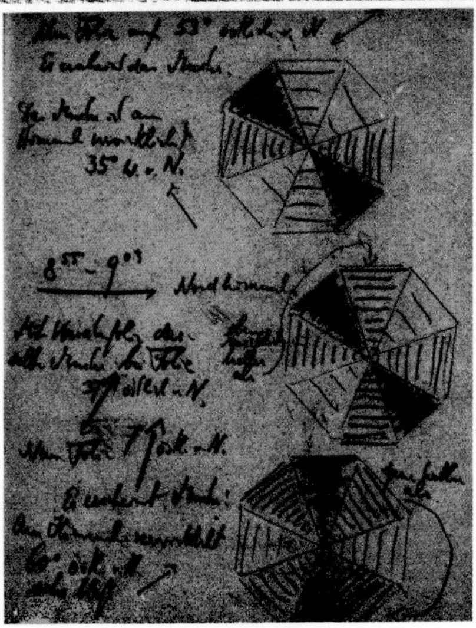

tournant fondamental un jour de printemps 1919, alors qu'il vient de marquer quelques ouvrières d'un point de peinture rouge. Mais laissons-le s'exprimer lui-même à travers son autobiographie : «J'observai le retour à la ruche d'une abeille qui était venue en éclaireuse et avait bu à la coupelle. Je n'en crus pas mes yeux! L'abeille se mit à danser en rond,

Tout paraît simple pour Joe le tigre qui a rencontré une abeille coopérative et bavarde. S'il a fallu également de la chance à von Frisch, c'est à son grand génie mais également à ses milliers d'heures d'observation qu'il doit la découverte de la danse qui l'a rendu célèbre.

entourée des abeilles marquées qui témoignèrent d'une grande excitation, et provoqua leur envol vers la coupelle pleine.» Von Frisch, qui ne se doutait pas de l'importance de cette journée pour sa carrière, venait de découvrir le mode de communication le plus élaboré du monde animal : la danse par laquelle les abeilles informent leurs sœurs de la présence et de la localisation d'une source de nourriture. Les cinquante années de travaux qui suivirent sur ce thème furent couronnées en 1973 par le prix Nobel de Physiologie et Médecine.

Néanmoins, elles n'ont pas suffi à épuiser le sujet. Les chercheurs des générations futures ont encore à découvrir bien des aspects de cette danse, peut-être le feront-ils en utilisant l'artefact récemment mis au point en Allemagne, qui, piloté par un micro-ordinateur, simule une danseuse et dirige les butineuses vers les sources alimentaires choisies par l'expérimentateur.

Von Frisch s'est toujours intéressé à la vision de l'abeille. D'abord à sa perception des couleurs : par exemple, elle est insensible au rouge mais voit un coquelicot qui réfléchit des ultraviolets. Puis à son orientation visuelle hors de la ruche. Ainsi, quand le ciel est couvert, l'abeille sait encore se repérer par rapport au soleil. Le savant autrichien a montré qu'elle utilisait alors la lumière polarisée : quelques croquis témoignent de la genèse de cette découverte.

Le miel, qu'il soit prodigué par l'abeille domestique ou par des espèces voisines, a longtemps constitué l'unique source de sucre disponible pour l'homme. Au «chasseur de miel», destructeur de nids, a succédé l'apiculteur fournissant un abri aux abeilles et ne prélevant dans la ruche que le surplus de la précieuse denrée.

CHAPITRE III

LA DOMESTICATION DES «MOUCHES À MIEL»

“ Tel sous le signe de son front, les cils hantés d'ombrages immortels et la barbe poudrée d'un pollen de sagesse, Prince flairé d'abeilles sur sa chaise d'un bois très odorant, il veille... ”

Saint-John Perse, *Amitiés du Prince*, II

L'abeille au sein des insectes

En 1761, dans sa *Fauna Suecica*, Linné, jetant les bases d'une nomenclature des êtres vivants qui reste encore en vigueur de nos jours, donne à l'abeille domestique un nom scientifique : *Apis mellifica*. L'abeille appartient à l'ordre des Hyménoptères, insectes présentant quatre ailes membraneuses, et, au sein de celui-ci, à la super-famille des Apoïdea. Cette dernière regroupe près de 20 000 espèces se nourrissant toutes de nectar et de pollen et ayant, par conséquent, un rôle souvent primordial dans la pollinisation. Si l'apparition du premier des Apoïdea date probablement du Crétacé (–100 millions d'années), en liaison avec celle des plantes à fleurs, le plus ancien fossile connu présentant le type abeille a été découvert dans l'ambre de la Baltique et date de l'Eocène supérieur (–70 millions d'années). Parmi les six familles d'Apoïdea l'une d'entre elles, celle des Apidae, renferme, entre autres, des genres tels que *Melipona* et *Trigona* (petites abeilles sans dard des régions tropicales) qui forment, avec *Apis*, les sociétés les plus complexes. Leur miel, stocké en quantités souvent importantes dans des cellules de cire, est convoité et exploité depuis des temps immémoriaux par de nombreux amateurs dont l'homme n'est pas des moindres.

Quatre espèces d'abeilles appartiennent au genre *Apis* : trois d'entre elles, *Apis dorsata*, l'abeille géante; *Apis florea*, l'abeille naine deux fois plus petite que notre abeille domestique et *Apis cerana*, ont une zone de répartition limitée à l'Inde ou à l'Asie du Sud-Est. *Apis mellifera* a une distribution beaucoup plus grande et présente un certain nombre de races géographiques variant dans leur aspect physique et leur comportement. Citons, parmi les plus connues des apiculteurs européens, l'abeille noire *Apis mellifera mellifera*

Baptisée *Electrapis*, l'abeille de l'ambre, cette lointaine ancêtre présumée de notre abeille domestique butinait les fleurs de l'ère tertiaire. L'histoire des abeilles est intimement liée à celle des plantes à fleurs. Les unes permettant la reproduction de celles-ci en disséminant leur semence mâle, le pollen; les autres assurant l'alimentation de celles-là en leur prodiguant nectar et pollen en excès.

Des deux termes de l'échange, pollinisation d'une part et approvisionnement d'autre part, qui caractérisent la relation des abeilles aux plantes, un troisième protagoniste, l'homme, tire le plus grand des profits. Quiconque pense au rôle bénéfique de l'abeille imagine d'abord abondance de miel et de cire. Mais il ignore souvent à quel point l'impact économique des abeilles est surtout lié à leur rôle irremplaçable dans la fertilisation des plantes cultivées. Les arboriculteurs l'ont bien compris, qui passent souvent contrat avec un apiculteur pour qu'il dispose ses ruches dans leur verger : les deux parties, là aussi, ont tout à gagner. L'agriculteur qui traite son colza aux insecticides pendant la floraison paraît bien ingrat, mais la logique productiviste a ses raisons, qui s'embarrasse peu de quelques mouches, fussent-elles à miel.

que l'on rencontre en France, en Allemagne, en Grande-Bretagne et en Espagne, l'abeille italienne ou abeille jaune *Apis mellifera lingustica* ainsi que la carniolienne *Apis mellifera carnica* répandue dans les Alpes et en Europe de l'Est.

Le miel est le produit d'une alchimie complexe résultant de la transformation du nectar des fleurs

Le nectar est une substance sucrée produite par la fleur, souvent odorante et riche en sels minéraux. De cette façon, la plante attire à elle les insectes assurant la pollinisation. Au moyen de sa trompe l'abeille butineuse aspire le liquide sucré qu'elle stocke dans son jabot, sorte de poche extensible pouvant recueillir les aliments liquides. Pour le remplir il lui

faut parfois visiter plus de mille fleurs et c'est chargée d'un fardeau pouvant atteindre 70 mg (pour un insecte pesant environ 80 mg à vide) qu'elle rentre au nid. Là, le précieux liquide est régurgité à une seconde ouvrière qui va l'ingérer et le faire transiter à plusieurs reprises entre sa bouche et son jabot. Sous l'effet d'une substance appelée invertine les sucres qui le composent vont être modifiés. Ce nectar transformé est alors déposé dans une cellule que les ouvrières scelleront quand elle sera pleine, à l'aide d'une fine pellicule de cire appelée l'opercule. A l'abri dans cette cellule, le nectar poursuivra sa transformation pour devenir ce miel tant convoité qui a rendu l'abeille si proche de l'homme.

Une pratique ancienne encore vivante : la «chasse» au miel

L'évocation la plus ancienne des rapports entre l'homme et les abeilles est une peinture rupestre du

Outre le nectar, les abeilles exploitent parfois une autre matière sucrée : le miellat des pucerons. Ces derniers se nourrissent de la sève des plantes, leurs excréments sont saturés en sucres : c'est ce qui constitue le miellat. Si les fourmis sont connues pour exploiter cette substance en sollicitant directement les pucerons, les abeilles se contentent de la récolter sur les arbres qui en sont couverts, comme c'est souvent le cas pour les sapins (à gauche). Le «miel de sapin» des régions montagneuses n'est donc rien d'autre qu'un miel fabriqué à partir d'excréments d'insectes… Les abeilles récoltent également d'autres produits sur les arbres, comme cette ouvrière qui fait sa provision de propolis, le mastic à tout faire de la ruche, sur un bourgeon de peuplier (en bas à droite). Toutes ces denrées seront stockées dans certaines zones des rayons (cellules du haut sur la photo en haut à droite, celles du bas contenant le couvain); le miel devant sécher, les cellules ne seront pas operculées tout de suite (cellules du centre).

Mésolithique. Découverte en 1921 dans la grotte de l'Araignée près de Valence (Espagne), et datant d'environ 8 000 ans, elle témoigne d'une période où les hommes se contentaient de récolter les gâteaux de miel. L'Afrique australe et l'Inde ont livré des représentations étonnamment similaires de ces «chasseurs de miel» dont les Gurungs, peuple vivant de nos jours dans les contreforts sud de l'Himalaya, semblent fidèlement perpétuer les gestes. Suspendus à une échelle de corde et uniquement protégés des piqûres de l'*Apis dorsata* par une cape de laine, c'est à l'aide de perches de bambous que ces «chasseurs» népalais arrachent les gâteaux de miel au nid construit à même le rocher.

Sans qu'il soit possible de reconstituer sa genèse, l'apiculture fait sa première apparition dans l'Egypte ancienne

Les premières scènes apicoles connues datent de l'Ancien Empire : elles ornent le temple du roi Ne-ouser-rê à Abou-Gourab

Apis dorsata, l'abeille géante de l'Inde, fait l'objet depuis des temps reculés d'une exploitation par l'homme. L'opération n'est pas sans risques, les ouvrières de cette espèce, dont la taille égale celle d'un frelon, occasionnant des piqûres très douloureuses. Mais la récolte est à la mesure de l'animal, ce qui vaut bien des efforts. Le nid de ces abeilles, formé d'un seul rayon, peut en effet mesurer plus d'un mètre de diamètre. Il est généralement suspendu à la branche d'un arbre, ou, comme c'est souvent le cas dans la région du Népal habitée par les Gurungs, accroché à l'abrupt d'une falaise. La chasse au miel s'effectue après les rites appropriés où un coq est sacrifié, ses entrailles servant à lire les présages. Le chasseur, assisté d'une équipe de compagnons, descend alors à l'aide d'une échelle de corde jusqu'au niveau du nid. Après l'avoir enfumé, il en détache des morceaux à l'aide d'un bambou : une fois les alvéoles ouvertes, le miel coule dans un panier disposé à cet effet.

(2400 ans av. J.-C.). Un rucher formé de poteries superposées et des scènes décrivant l'extraction et la conservation du miel y sont le témoignage d'une apiculture déjà florissante.

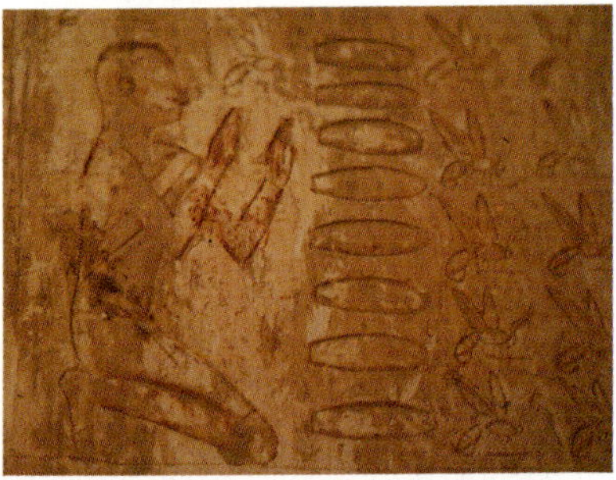

Dans la tombe de Rekhmiré, de neuf cents années plus proche de nous, les ruches figurées sont cette fois des cylindres de roseaux ouverts à leurs deux extrémités, semblables à celles encore utilisées de nos jours dans la vallée du Nil, preuve de la pérennité de certaines techniques.

Dans l'Egypte antique, l'apiculture côtoie cependant une activité de récolte du miel sauvage demeurée importante. Ainsi, le pharaon Ramsès III (1198-1166 av. J.-C.), constitue-t-il des troupes d'archers dans le but d'escorter ceux qui se rendent à cette fin dans le désert, preuve on ne peut plus convaincante des convoitises suscitées par le précieux aliment.

Horizontales ou verticales, les premières ruches copient l'arbre creux qui héberge l'essaim sauvage

De l'Antiquité à nos jours, la forme des ruches a considérablement varié, au gré des matériaux disponibles et de l'ingéniosité des constructeurs. Cette évolution, loin d'être linéaire, a vu se superposer des pratiques apicoles fort différentes dont

Les représentations de scènes d'apiculture ne sont pas rares sur les monuments de l'ancienne Egypte. Celle-ci, qui provient de la tombe de Pa-bu-sa à Thèbes, est contemporaine du règne de Pstamek Ier (environ 625 av. J.-C.). On y dénombre huit ruches cylindriques superposées. Un fellah agenouillé semble y souffler de la fumée alors que des abeilles s'en échappent. En d'autres lieux, des représentations d'abeilles laisseraient penser, d'après certains détails, que la race d'alors était proche de celle qui est toujours élevée dans la région : *Apis mellifera fasciata*. Si l'apiculture était très répandue dans la Grèce antique, il ne nous en est parvenu, à notre connaissance, aucune représentation de scène apicole; à moins de considérer que les personnages de ce vase grec sont de joyeux apiculteurs.

on peut retracer les grandes tendances.

Le premier éleveur d'abeilles s'est sans doute contenté de prélever les insectes mellifères avec leur abri naturel : ainsi sont nées les premières «ruches-troncs», formées de la partie sciée d'un arbre creux. Plus tard, l'apiculteur saura capturer lui-même un essaim et l'installer dans des ruches verticales copiées sur ce modèle naturel en utilisant un tronc d'arbre creusé ou une écorce de chêne-liège. Puis apparaissent les ruches-caisses formées de quatre planches assemblées. A l'intérieur de ces dernières

Les ruches illustrant ce manuscrit du XVe siècle témoignent d'une période où l'apiculture reposait sur le débitage d'arbres creux contenant les abeilles. Pour ces dernières, l'ours, dont on connaît le goût prononcé pour le miel, était sans doute plus dangereux que l'homme.

Columelle, dans son *De re rustica*, rapporte que les Anciens connaissaient déjà des techniques très élaborées comme celle consistant à réunir plusieurs ruches trop faibles pour survivre. L'apiculteur ne conservait qu'un seul «roi», puis mélangeait les colonies en les maintenant enfermées pendant trois jours après les avoir aspergées de quelque «liqueur douce».

l'apiculteur installe parfois une croix formée de deux baguettes permettant de maintenir les rayons.

D'aucuns, utilisant également des troncs d'arbres, disposeront ces derniers horizontalement. La version dérivée en planches, encore appelée ruche-tunnel, est employée depuis l'Antiquité. Pline l'Ancien en décrit une forme munie d'un dispositif ingénieux permettant d'agrandir progressivement la zone occupée par les abeilles. L'auteur latin, prêtant des sentiments bien anthropomorphes aux hôtes de cette ruche à cloison mobile, écrit à son propos : «L'opercule sera poussé en dedans si la ruche est trop grande ou si la miellée donne peu, de peur que, découragées, les abeilles ne renoncent à travailler, et on le ramènera peu à peu en arrière, les trompant ainsi sur le progrès de leur ouvrage.»

Au modèle de la ruche-tunnel qui a fourni de nombreuses versions de tailles et de proportions différentes, se rattachent les *kranjic*, du nom de la ville de Kranj en Slovénie. Pendant tout le XIXe siècle, les apiculteurs de cette région rivaliseront d'imagination pour décorer, à l'aide de scènes peintes, les frontons de ces ruches devenues un lieu privilégié de l'expression artistique populaire.

Les ruches tressées, bien plus légères que les précédentes, seraient une invention des peuples nomades

Leur existence est attestée depuis l'Antiquité, du moins pour ce qui concerne les modèles en baguettes ou en éclisses. Légères et aisément transportables, elles ont eu un immense succès qui veut qu'elles soient utilisées jusqu'à notre siècle. Leur étanchéité est assurée par un matériau qui a fait ses preuves et dont Pline atteste déjà l'usage : la bouse de vache. Il est vrai que, outre cette

Les *kranjic* de Slovénie représentent un cas unique dans l'histoire de l'apiculture, où les ruches sont devenues un lieu d'expression privilégié de l'art populaire. D'autres exemples sont connus où des ruches ont pu être l'objet de décorations, le plus souvent dans un but religieux, mais pas à cette échelle. Si les premières ruches peintes slovènes datent de la seconde moitié du XVIIe siècle, ce n'est que plus tard, en particulier lors de la seconde moitié du XIXe siècle, que les frontons peints deviennent très courants. Les sources d'inspiration sont alors multiples, comme en témoignent les trois exemples ci-contre. La peinture du haut, qui met en scène des animaux dansant et jouant de la musique, évoque une fable. La seconde, qui figure saint Sébastien et saint Roch, renoue avec l'inspiration religieuse. Celle du bas décrit une scène agricole. La tradition disparaîtra au début du XXe siècle, avec l'introduction des ruches à cadre mobile.

Sur cette évocation du mois de février, tirée des *Très Riches Heures du duc de Berry*, le rucher apparaît, sous la neige, comme une composante essentielle du paysage agricole. La ruche en paille tressée, tout comme le tronc de l'arbre creux suffisent à protéger la colonie des rigueurs hivernales. En fait, ce sont les abeilles elles-mêmes qui s'en protègent en formant une masse compacte sur laquelle le froid n'aura qu'un effet limité.

La paille utilisée pour tresser des ruches était le plus souvent tirée du seigle, mais aussi de certaines graminées sauvages comme la molinie. Pour assembler les faisceaux de paille, on se servait alors d'écorce de noisetier ou de ronces.

remarquable propriété, l'«onguent de saint Fiacre» aura forcément l'heur de plaire aux abeilles puisqu'aux dires de générations d'érudits colportant la même légende, celles-ci partagent avec celui-là une même origine bovine.

Les ruches en paille tressée feront une apparition plus tardive. Liées aux régions qui s'adonnent à la culture des céréales, et en particulier à celle du seigle, elles y deviendront d'un usage très fréquent. Le premier témoignage relatant leur utilisation remonte à une ordonnance de Charlemagne datée de 799, le Capitulaire de Villis.

L'invention de la «hausse» : un véritable progrès pour les abeilles et l'apiculteur

Dans toutes les ruches formées d'une seule pièce, la récolte du miel a souvent des conséquences dramatiques pour le devenir de la colonie. Les réserves de miel, mais également celles de pollen ainsi que le couvain sont la plupart du temps prélevés sans distinction avec les rayons de cire qui les contiennent. Afin de remédier à ce problème les apiculteurs ont inventé un dispositif dont l'efficacité n'a d'égale que la simplicité : la «hausse». Encore fallait-il y penser! Dans ce réservoir supplémentaire disposé au-dessus de la ruche et communiquant par un trou situé au sommet de celle-ci, les abeilles peuvent construire de nouveaux rayons et y entreposer du miel. Le couvain restant dans la partie inférieure, l'apiculteur, en retirant la hausse, peut s'approprier le miel sans occasionner de dommages à la colonie. Selon que les années sont plus ou moins bonnes l'apiculteur pourra varier le nombre de hausses. Les premières mentions de tels dispositifs remontent au XIIIe siècle. En 1634, Charles Butler, auteur de *The Feminine Monarchie*, décrit une ruche pourvue de quatre compartiments superposés. Mais il faut attendre 1772 pour que Jonas de Gelieu dans sa *Nouvelle Méthode pour former les essaims artificiels* mette au point une ruche à hausse véritablement fonctionnelle.

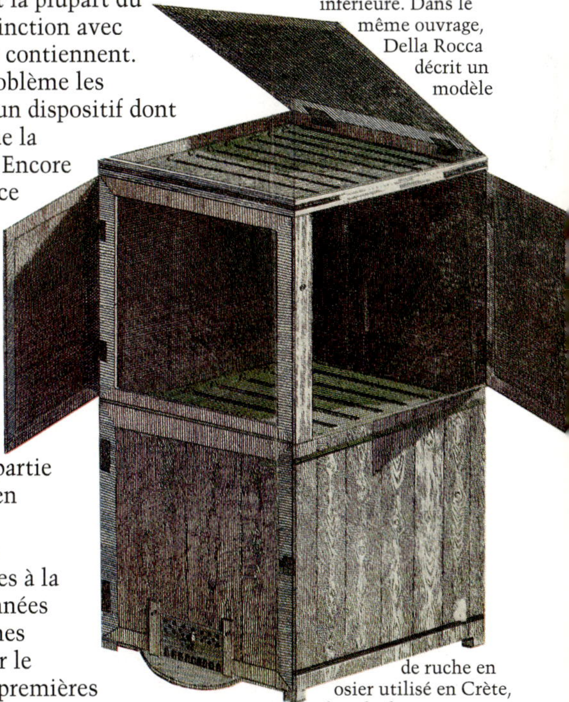

Cette ruche à hausse, tirée du *Traité sur les abeilles* de l'abbé Della Rocca (1790), montre l'avantage d'un tel système. La partie supérieure peut accueillir les rayons renfermant le miel qui sera récolté sans toucher au couvain, situé dans la partie inférieure. Dans le même ouvrage, Della Rocca décrit un modèle de ruche en osier utilisé en Crète, dont le dessus est amovible : son usage semble remonter à l'Antiquité, Démocrite faisant mention de ruches similaires. Faut-il y voir le modèle qu'aurait utilisé Aristote pour ses observations?

L'apiculture moderne naît avec la ruche à cadre mobile, mise au point en 1844 par Debeauvoys

L'apiculture n'a pas fait de progrès très déterminants depuis cette dernière invention dont le principe est le suivant : le châssis de bois sur lequel les abeilles vont construire leurs rayons est amovible; l'apiculteur peut l'enlever et le remplacer, sans toucher aux cadres voisins qui lui sont parallèles. Le Français Debeauvoys, s'il a conçu le premier système répondant à ce concept, a quand même eu des précurseurs. Notons, parmi ces derniers, un apiculteur célèbre, en la personne du Genevois François Huber, qui, pour observer, ou plutôt pour faire observer, ses pensionnaires ailées, a mis au point une ruche dont les cadres peuvent se «feuilleter» comme les pages d'un livre.

En 1851, l'Américain Langstroth perfectionne le système de Debeauvoys. Son modèle de ruche, qui a été très utilisé, est encore commercialisé de nos jours. En 1857, l'Allemand Mehring améliore les performances du cadre mobile en lui adjoignant une feuille de cire gaufrée. De cette façon, l'apiculteur propose une trame hexagonale aux ouvrières

De la foison de modèles qui ont pu être inventés tout au long du XIXe siècle, bien peu de ruches ont survécu jusqu'à nos jours. En France, la plupart des apiculteurs modernes utilisent désormais une ruche Langstroth à cadre mobile ou un modèle proche, telle la ruche Dadant.

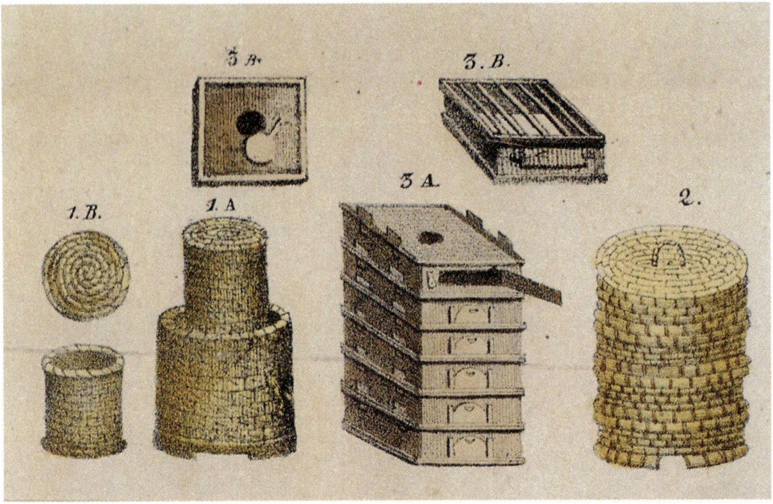

bâtisseuses, qui se trouvent ainsi guidées dans la construction de leurs cellules de cire. Nul doute que les abeilles ont franchi dès lors un pas décisif dans la voie de la domestication.

A la fin du XIXe siècle, les revues d'apiculture qui sont légion, suite à un véritable engouement pour cette activité, deviennent le lieu où s'exprime une polémique virulente entre tenants d'une apiculture utilisant le cadre mobile, les «mobilistes», et partisans de l'ancien système, les «fixistes». Il serait superflu d'en faire mention si le débat était resté à un niveau duquel, eu égard à un sujet en apparence si anodin, il n'aurait jamais dû se départir. Et pourtant, qu'il s'agisse des discours dithyrambiques d'auto-encensement ou des billets d'insultes adressés aux adversaires, la lecture de ces pages ne laisse pas d'étonner par la passion qui s'en dégage.

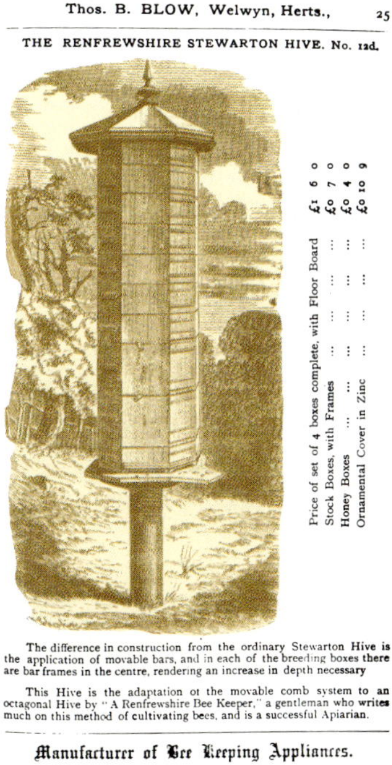
Thos. B. BLOW, Welwyn, Herts., 25

THE RENFREWSHIRE STEWARTON HIVE. No. 12d.

Price of set of 4 boxes complete, with Floor Board ...	£1 6 0
Stock Boxes, with Frames ...	£0 7 0
Honey Boxes ...	£0 4 0
Ornamental Cover in Zinc ...	£0 10 9

The difference in construction from the ordinary Stewarton Hive is the application of movable bars, and in each of the breeding boxes there are bar frames in the centre, rendering an increase in depth necessary

This Hive is the adaptation of the movable comb system to an octagonal Hive by "A Renfrewshire Bee Keeper," a gentleman who writes much on this method of cultivating bees, and is a successful Apiarian.

Manufacturer of Bee Keeping Appliances.

Ce diplôme d'apiculture, datant de 1933, témoigne d'une période, qui a culminé au début du XXe siècle, pendant laquelle l'élevage des abeilles était une activité très populaire dans toute l'Europe. En France, les techniques apicoles furent véhiculées et améliorées dans les villages par de nombreux amateurs, parmi lesquels figurèrent grand nombre de curés et d'instituteurs.

«La vendange du miel»

Alexandre de Montfort, dans Le *Portrait de la mouche à miel* paru en 1646, énumère les diverses techniques utilisées à son époque, au cours de ce qu'il appelle «la vendange du miel». Après avoir cité celles consistant à «prendre des rayons ce qu'on juge n'être nécessaire à l'entretien des abeilles», il fustige ceux qui, «d'une façon plus stupide, rompent tous les rayons qu'ils font tomber dans une cuvette, ayant premièrement étouffé les abeilles avec fumée de soufre ou de foin, ou de paille,

Pendant l'essaimage, les abeilles sont connues pour perdre toute leur agressivité. Le personnage de cette miniature n'en a cure et s'est protégé le visage. Pour toutes les manipulations en dehors de cette période, lors de la récolte du miel ou d'une visite d'inspection de la ruche, l'apiculteur, pour se prémunir des piqûres, devra utiliser un enfumoir.

chose [...] encore très intéressable comme de couper l'arbre pour en avoir les fruits». Si de Montfort s'indigne à bon escient de ces pratiques, la justice s'en est également souciée tout au long de l'Histoire. Deux siècles avant notre ère, un texte d'Ulpien extrait du *Libro disputatiunum* prévoyait de réprimer quiconque aurait «au moyen de la fumée, mis en fuite ou tué» des abeilles. Plus près de nous, le code civil français punit également ce délit (loi du 9 novembre 1942). D'autres méthodes, tout aussi barbares et condamnables, telle la noyade, ont été utilisées en d'autres temps et d'autres lieux. Voilà qui nous éloigne considérablement, reconnaissons-le avec de Montfort, d'une apiculture digne de ce nom, d'autant que des solutions alternatives existent et sont connues depuis longtemps. L'enfumage, en particulier, qui neutralise en grande partie les abeilles sans les tuer, est une technique permettant d'intervenir en douceur. Elle remonte aux temps préhistoriques comme en témoignent certaines peintures rupestres figurant des chasseurs de miel munis de torches. L'enfumoir utilisé par les Antiques, au vu des descriptions de Columelle dans son *De re rustica* (42 apr. J.-C.), a depuis lors bien peu évolué dans son principe. Son usage semblait alors fort répandu et Virgile l'évoque dans les deux vers suivants, extraits des *Géorgiques* :

«Enfin veux-tu ravir leur nectar écumant,
devant leur magasin porte un linge fumant.»

L'usage de vêtements protecteurs semble plus récent et paraît lié à une apiculture plus moderne où les

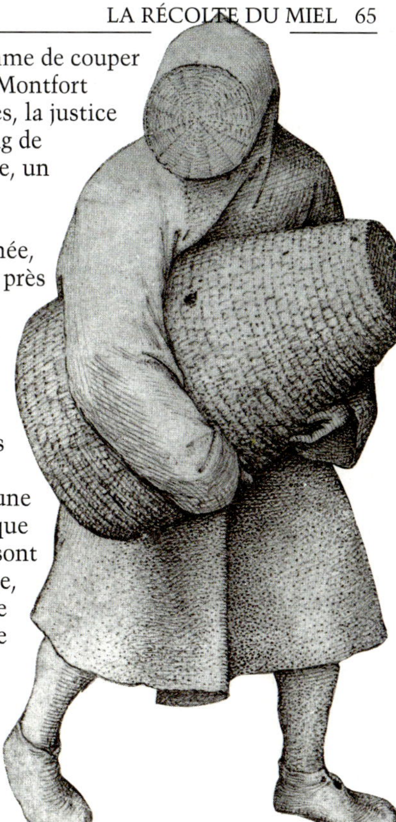

«Il devra, durant la route, leur éviter soigneusement les secousses et les cahots. Arrivé au terme de son voyage, l'apiculteur déposera ses abeilles dans un lieu frais où elles se remettront de leur fatigue, et il ne les placera au rucher que le soir.»

Raymond Billiard, in *L'Apiculteur*, mars 1899

interventions dans les ruches sont fréquentes et ne se limitent pas à la récolte du miel. Au XVIIe siècle, le *Traité des mouches à miel*, rédigé par un auteur resté anonyme, décrit le camail alors en usage, dispositif muni d'un masque en fil métallique protégeant le visage et d'une enveloppe de tissus recouvrant totalement la tête.

Des ruches fixes aux ruches à cadre mobile : l'évolution des techniques de récolte

Pour extraire le miel des ruches à cadres fixes les méthodes utilisées ont peu varié de l'Antiquité à nos jours. Le miel de première qualité, encore dit miel vierge, est obtenu par simple égouttage des gâteaux préalablement triturés. Un pressage permet d'extraire

le «second miel» de qualité plus moyenne et pour finir un miel encore plus grossier est obtenu par chauffage de ce qui reste.

Le miel provenant des ruches à cadre mobile, par contre, est extrait à l'aide d'un procédé de centrifugation. La petite histoire veut que von Hruschka, inventeur du premier extracteur fonctionnant sur ce principe, l'ait mis au point après avoir observé son fils faisant tournoyer un gâteau de miel pour écarter des abeilles qui le harcelaient. L'usage

Trois opérations caractéristiques de l'apiculture utilisant les ruches à cadre mobile : la désoperculation des cellules (en haut à gauche), préalable obligatoire à la centrifugation permettant de recueillir le miel (en haut à droite). Les cadres une fois nettoyés sont réutilisés et pour cela sont d'abord munis d'une plaque de cire gaufrée (en bas).

des centrifugeuses, qui est désormais le lot de tous les mobilistes, nécessite une opération préalable : la désoperculation. Les abeilles scellant les cellules dès qu'elles sont pleines de miel à l'aide d'opercules de cire, ceux-ci doivent être enlevés sans quoi le miel ne pourrait s'écouler lors de la centrifugation.

Une apiculture nomade : la transhumance

La pratique qui consiste à déplacer des ruches sur de grandes distances, en fonction des périodes de floraison variant selon les régions, existe depuis l'Antiquité. Pline rapporte que dans la vallée du Pô, en Italie, les abeilles étaient ainsi déplacées chaque jour par voie fluviale. «Les bateaux surchargés et profondément enfoncés avertissaient que les ruches étaient pleines.» De telles pratiques étaient courantes le long du Nil au XVIIIe siècle. Elles témoignent de la persistance des transhumances qui remontent en Egypte au moins au IIIe siècle av. J.-C., le déplacement s'effectuant alors à dos de mulet. Tous les moyens de transport ont d'ailleurs été employés, y compris l'homme, comme c'était le cas pour les apiculteurs de Slovénie, possesseurs des célèbres Kranjic

Ils rassemblent sur de grands bateaux les abeilles de différents villages [...]. Lorsque la barque en est chargée, les hommes qui doivent la conduire remontent doucement le fleuve, et s'arrêtent dans tous les lieux où ils trouvent de la verdure et des fleurs. C'est ainsi qu'après trois mois sur le Nil, ces ruches sont rapportées aux lieux d'où on les avait enlevées, et y trouvent de nouvelles richesses.

Savary, *Lettres sur l'Egypte*, 1788

peintes. Dans les ruchers modernes des camions peuvent transhumer des ruches par centaines.

Du vol nuptial à la fécondation contrôlée et du charivari à l'essaimage artificiel

Les sociétés d'abeilles se multiplient à la suite d'un essaimage : quand une colonie a atteint une masse critique, elle produit de jeunes reines dont l'unique survivante, après avoir supprimé ses sœurs, est fécondée. Cette fécondation est réalisée au cours de plusieurs accouplements successifs effectués lors d'un vol nuptial fatal aux mâles dont Maeterlinck dépeint ainsi la fin tragique : «Le ventre du mâle s'entrouvre, l'organe se détache, entraînant la masse des entrailles, les ailes se détendent et, foudroyé par l'éclair nuptial, le corps vidé tournoie et tombe dans l'abîme.» Qu'aurait dit l'auteur de *La Vie des abeilles* des mâles dont on prélève la semence pour la fécondation des reines par insémination artificielle,

Une fois sorti de sa ruche mère, l'essaim se pose généralement à proximité de celle-ci. Des ouvrières éclaireuses partent alors en quête d'un endroit où installer la nouvelle colonie. Dès qu'une abeille a trouvé une place convenable, elle revient à l'essaim et indique son emplacement par une danse. Plusieurs abeilles pouvant danser simultanément, les ouvrières de l'essaim choisissent de suivre une seule d'entre elles : les critères de leur choix nous sont encore inconnus.

comme c'est désormais le cas dans les ruchers modernes?

Au cours de l'essaimage, l'ancienne reine quitte sa ruche avec une partie des ouvrières pour fonder une nouvelle colonie. L'essaim se pose dans un premier temps à proximité de la ruche mère, pendant que des éclaireuses se mettent en quête d'un site favorable à son installation définitive. Les apiculteurs les plus expérimentés connaissent les signes avant-coureurs du départ en masse, et se préparent à capturer les abeilles juste à leur sortie. Dès l'Antiquité, les essaims sont ainsi l'objet d'un commerce fructueux; au cours du Moyen Age, des chasseurs spécialisés parcourent les campagnes à la recherche d'abeilles sauvages.

Dans nos pays, la chasse à l'essaim est restée jusqu'à nos jours l'occasion de manifestations très festives. Ce «charivari» se reproduit

depuis des siècles comme l'attestent de nombreux documents. Une croyance populaire, ancrée depuis l'Antiquité grecque, attribuant à tort à l'essaim la faculté d'être attiré par les bruits métalliques, c'est avec force chaudrons et autres ustensiles que les villageois poursuivent les abeilles à travers la campagne.

L'essaimage artificiel, pratiqué dans les ruchers industriels, s'il permet une efficacité accrue, manque quelque peu de poésie. C'est ainsi que disparaissent peu à peu les nombreuses traditions populaires, dont l'origine s'enracine parfois dans la profondeur de nos mythes et qui, par leur diversité, témoignent de l'importance passée de l'abeille dans la vie des hommes.

Sur cette gravure, des personnages en chasse d'un essaim et habillés en conséquence reproduisent les gestes multiséculaires du charivari.

TRAITÉ DES ABEILLES, OU MOUCHES A MIEL,

Enseignant de quelle maniere il les faut entretenir & gouverner, pour en tirer du profit & de l'utilité,

Et ce qu'il faut faire pour assembler, apprester, & purifier le Miel & la Cire en peu de temps, & d'une maniere fort commode.

A BRUXELLES,

Chez PHILIPPE VLEUGART, Imprimeur juré, à l'Ange gardien. 1672.

« Il n'est personne parmi nous qui n'ait assisté dans nos campagnes à la poursuite d'abeilles qui émigrent : c'est un affreux tapage de ferrailles entrechoquées, de cris entremêlés, dans certains pays d'objurgations pressantes, dont assurément les abeilles qui en sont l'objet n'ont cure le moins du monde [...]. En réalité [cette pratique] est sans effet pour le but qu'on se propose et telle n'a d'unique et réelle utilité qu'en ce qu'elle affirme publiquement les droits du poursuivant. »

Raymond Billard, in *L'Apiculteur*, mars 1899

SIC ETIAM NOBIS BREVIS ET PERITVRA
QVAM PETIMVS TRISTE MIXTA DOLORE

« La chair, échauffée jusqu'aux os, fermente et l'on voit alors, chose merveilleuse, se rassembler des êtres d'abord sans pieds, puis munis d'ailes, au bourdonnement strident, qui prennent de plus en plus possession de l'air jusqu'à ce qu'enfin ils s'élancent nombreux comme les gouttes d'eau d'une pluie d'été. »

Virgile, *Les Géorgiques*

CHAPITRE IV
L'ABEILLE, MYTHES ET SYMBOLES

Longtemps synonyme de virginité, l'abeille fut aussi le symbole de l'Amour. En témoigne ce Cupidon, œuvre de Cranach l'Ancien, tenant un rayon de cire dans la main et dont la tête s'orne d'abeilles. A cette symbolique se rattachent également les lignes suivantes du poète grec Théocrite, dont l'esprit anticipe sur celui des odes que Ronsard dédia à Marie : « Pussé-je devenir cette abeille qui bourdonne et pénétrer ton antre à travers le lierre et la fougère dont tu t'enveloppes. »

Pour les anciens Egyptiens, l'abeille serait issue des larmes de Rê, le dieu solaire, tombées sur la Terre. Le poète grec Hésiode (VIIIe siècle av. J.-C.), quant à lui, la ferait plutôt naître des feuilles du chêne. Visions assurément plus poétiques que la «bougonie», relatée entre autres dans *Les Géorgiques* de Virgile, et qui fait émerger les abeilles du cadavre d'un bœuf ou d'un taureau. Gageons que, si la confusion entre les abeilles – dès lors affublées par les Grecs de l'épithète de *bougeneis*, «nées d'un bœuf» – et certaines mouches, telles que les éristales se développant dans les cadavres, est à l'origine de cette croyance, les multiples auteurs qui l'ont perpétuée n'ont pas dû y regarder de trop près. Mais venons-en au mythe originel, tout du moins à l'une des versions qui est parvenue jusqu'à nous.

Dans une variante ancienne du mythe d'Aristée, ce dernier serait le fils de Melissa, une des nymphes qui aurait élevé et nourri de miel l'enfant Zeus caché dans la grotte de l'Ida. Aristée, qui fut vénéré comme un dieu aux premiers temps de la Grèce antique, serait par conséquent le «frère de miel» du maître de l'Olympe. C'est sous sa version virgilienne que le mythe d'Aristée a traversé les siècles.

Comment Aristée, maître des abeilles, perdit son rucher et le reconstitua sur les conseils de Cyrène

Fils du dieu Apollon et de la nymphe Cyrène, Aristée, maître des abeilles et du miel, aurait enseigné, selon la tradition grecque, l'apiculture aux hommes. Au cours d'un voyage qu'il effectue en Thrace, Aristée s'éprend de l'épouse d'Orphée, Eurydice. Alors qu'il la poursuit, celle-ci, tentant de s'échapper, marche accidentellement sur un serpent qui lui administre une morsure fatale. Orphée et les compagnes de la défunte Eurydice, pour punir le fils d'Apollon, détruisent son rucher. Réfugié auprès de Cyrène et sur les conseils de cette dernière, Aristée sacrifie quatre taureaux et quatre génisses. De leurs corps en décomposition émergent, à l'issue de quelques jours, des abeilles avec lesquelles il peut reconstituer son élevage.

« Puis on y conduit un jeune taureau [...], on lui bouche les naseaux et la respiration et on meurtrit tout son corps de coups, sans déchirer la peau [...].

On l'abandonne ainsi, renfermé et couché sur un lit de rameaux de thym et de sariette fraîche.» Telle est la recette de Virgile pour obtenir des abeilles.»

De la naissance trois fois divine d'Orion au lion de Samson

Frappante est la résonance du mythe d'Aristée avec celui relatant la naissance du Géant Orion. Hyrieus, roi de Béotie dont le nom signifie «l'essaim», et sa compagne la Pléiade Alcyoné ne peuvent avoir

d'enfant. Suppliant les dieux de lui accorder une descendance, Hyrieus immole en leur honneur un taureau dont il enfouit la peau sous terre. Zeus, Poséidon et Hermès, sensibles à la prière du Béotien, décident d'accéder à son désir et de lui fabriquer un fils. Pour cela, ils répandent tous trois leur semence sur la dépouille ensevelie : de cette dernière naît alors le Géant Orion. Etrange rapport de symétrie dans les deux mythes à travers un cadavre de taureau : où dans un cas Aristée crée les abeilles et où dans l'autre l'essaim (Hyrieus) crée (par le biais d'une triple intervention divine, il est vrai) Orion.

La voûte étoilée est comparable à un rébus gigantesque sur lequel les civilisations ont projeté leurs mythes et leurs croyances. Sur une même portion de ciel nocturne, à travers les diverses constellations dessinées au cours des siècles, se conjugue une «constellation» de mythes qui évoquent tous l'abeille : outre l'Abeille elle-même, la splendide Orion, puis enfin le Taureau dont l'étoile de plus grande magnitude, l'Aldebaran des Arabes, entretient un rapport étymologique étroit avec le nom de l'insecte mellifère.

Faisant écho à ces mythes de la Grèce antique, un passage de l'Ancien Testament rapporte en ces termes l'aventure survenue à Samson quelques jours après que le héros biblique a tué un fauve : «Il fit un détour pour voir le cadavre du lion : voici qu'il y avait dans la carcasse du lion un essaim d'abeilles et du miel» (Juges, XIV, 8). Cette découverte étonnante inspire à Samson l'énigme suivante qu'il soumettra plus tard aux Philistins : «De celui qui mange est sorti ce qui se mange et du fort est sorti le doux» (Juges, XIV, 14).

La «melissa» des Grecs, servante des dieux, intermédiaire entre l'Olympe et les hommes

Dans la mythologie grecque, l'abeille peut être considérée comme une messagère des dieux. Ainsi, la célèbre Pythie d'Apollon, tant consultée pour ses

Samson combattant le lion, par un artiste flamand du XVe siècle. Sur le sol, une ruche-panier évoque l'essaim qui habitera le cadavre du fauve. Certains auteurs nient tout rapport entre ce passage de l'Ancien Testament et la bougonie. Pour d'autres au contraire l'histoire de Samson serait à la source même du mythe : il serait né en Egypte où le soleil dessèche rapidement les carcasses et où les essaims errants sont légion.

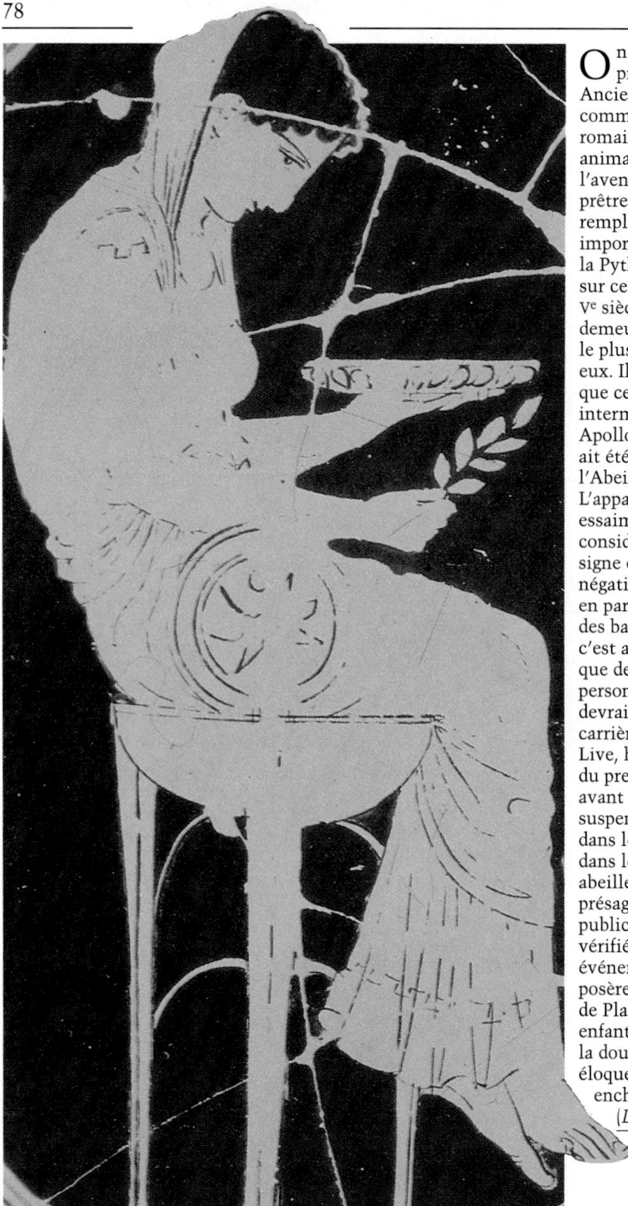

On connaît la propension des Anciens, en Grèce comme dans l'Empire romain, à utiliser les animaux pour lire l'avenir. De nombreux prêtres et prêtresses remplissaient cette importante fonction : la Pythie, représentée sur ce vase attique du Ve siècle av. J.-C., demeure sans conteste le plus célèbre d'entre eux. Il est significatif que cette prêtresse, intermédiaire entre Apollon et les hommes, ait été surnommée l'Abeille de Delphes. L'apparition d'un essaim a souvent été considérée comme un signe divin, positif ou négatif, déterminant en particulier l'issue des batailles. De même, c'est aux abeilles que de nombreux personnages célèbres devraient leur brillante carrière. Selon Tite-Live, historien romain du premier siècle avant J.-C. : «Alors suspendues en grappes dans les maisons ou dans les temples, les abeilles forment des présages privés ou publics, souvent vérifiés par de grands événements. Elles se posèrent sur la bouche de Platon encore enfant, annonçant la douceur de son éloquence enchanteresse» (*L'Histoire*).

oracles au demeurant souvent si tragiques, est-elle dénommée «l'abeille de Delphes».

La déesse Artémis vénérée à Ephèse, forme locale d'une déesse-mère dont les multiples avatars foisonnent depuis le Néolithique, est servie par des prêtresses vierges communément appelées *melissai* («les abeilles») comme c'est également le cas pour les participantes aux fêtes dédiées à Déméter, déesse grecque de la fécondité.

Zeus lui-même est, à certaines occasions, désigné sous le nom de *melissaios* («l'homme-abeille»), en référence à sa petite enfance qu'il a passée dissimulé dans la grotte d'Ida, nourri du lait de la chèvre Amalthée et du miel des abeilles. De jeunes guerriers, les Courètes, y protégeaient l'enfant-Zeus de la malveillance de son père, le Titan Cronos. Ceux-ci, entrechoquant leurs armes et frappant des cymbales, se livraient régulièrement à une danse dont le bruit couvrait les pleurs du nourrisson. Selon Callimaque, Virgile et Diodore de Sicile, c'est également de cette façon qu'ils attiraient les abeilles nourricières à l'intérieur de la grotte. Cette pratique, bien que scientifiquement non fondée, a été employée par

La déesse Artémis, que cette gravure de Nicolas Houël représente dans son char, est généralement considérée comme dérivant de la *Magna Mater* des religions orientales. Dans les nombreuses villes où Artémis fut vénérée, notamment Ephèse, elle semble avoir été associée à l'abeille. L'utilisation fréquente de cet insecte comme effigie ornant les monnaies locales le confirmerait.

nombre de générations d'apiculteurs pour attirer les essaims.

Dans le mythe de Telepinou, l'abeille, par son intervention, permet le retour à un ordre cosmique antérieur

Ce mythe hittite (IIe millénaire av. J.-C.), dont certains documents archéologiques attestent l'origine sans doute plus ancienne, rapporte comment Telepinou, divinité de la végétation, qui avait décidé, pour des raisons demeurées obscures, de disparaître, fut retrouvé. Les conséquences dramatiques de sa disparition, brebis délaissant leur agneau et vaches ignorant leur veau, orge et blé cessant de mûrir, sources se tarissant..., conduisent le dieu-soleil à dépêcher des messagers pour retrouver Telepinou.

Ni l'aigle bicéphale à la vue si perçante et au vol si rapide, ni Teshoup, dieu de l'orage et père du disparu, ne parviennent à accomplir leur mission. Au terme de ces deux échecs successifs, le dieu-soleil fait appel à la Grande Déesse qui décide de dépêcher l'abeille. Suivant les instructions de la Grande Déesse, cette dernière trouve le dieu Telepinou endormi dans un bois. Elle le réveille en le piquant de son aiguillon, lui frotte les yeux et les pieds avec de la cire et le ramène auprès des autres dieux. A son retour, tout retourne dans l'ordre, la Nature retrouvant ses rythmes et ses saisons.

Les abeilles seraient également les dispensatrices du don d'éloquence

Ces «oiseaux des muses», en déposant du miel sur les lèvres de Pindare et de Platon encore au berceau, seraient de la sorte responsables de l'illustre destinée du poète et du philosophe grecs. Rien de surprenant à

Par son dénouement, le mythe hittite de Telepinou rappelle l'aventure survenue au Grec Epiménide qui, après quarante ans de sommeil dans une grotte sacrée, dut son réveil à l'intervention d'abeilles salvatrices.

L'enfant Zeus nourri par les nymphes Melissa et Amalthée, filles du roi Melissus de Crète, est imaginé par le peintre Poussin. A l'abri dans la grotte de l'Ida, il grandira loin de son père Cronos qu'il battra et fera disparaître dans le Tartare, prenant sa place de maître de l'Olympe.

cela si l'on admet, avec Virgile, que les abeilles possèdent en elles «une parcelle de l'intelligence divine et des émanations de l'Empyrée», ou, comme le rapporte le philosophe Porphyre (234-305 apr. J.-C.), que l'esprit vient de la déesse Artémis, sous la forme d'une abeille.

L'Occident chrétien a perpétué des croyances similaires : saint Ambroise, évêque de Milan au IVe siècle et patron des apiculteurs, ainsi que saint Jean Chrysostome (dont le nom signifie «bouche dorée» en grec), patriarche de Constantinople à la fin du même siècle, eurent, selon la tradition, la visite d'abeilles bienveillantes au cours de leur enfance.

Un rôle similaire, attribué à l'onction de miel, est rapporté par des textes issus de la mythologie indienne. Les gémeaux Açvins du *Rig-Veda*, divins cavaliers et seigneurs de la lumière, dont le char est appelé en sanscrit *madhuvahena* («porteur de miel»), y jouent le rôle attribué plus haut aux abeilles, oignant les

Outre saint Ambroise, patron des apiculteurs, d'autres figures du catholicisme connurent la visite précoce d'abeilles comme signe de leur pieuse destinée. La tradition rapporte qu'à plusieurs reprises, des abeilles blanches entrèrent dans la bouche de cette enfant, née en 1361, qui allait devenir sainte Rita de Cascia. De son berceau, la future avocate des causes désespérées aurait, dit-on, guéri de ses blessures un moissonneur passant auprès d'elle.

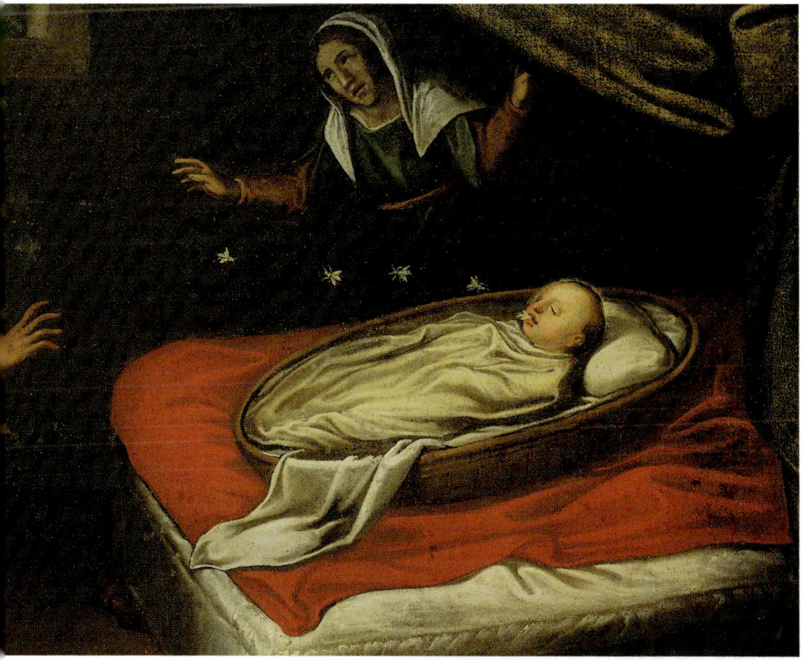

futurs orateurs de la substance sucrée aux vertus miraculeuses.

Ce lien mythique, unissant l'abeille à la parole, est encore attesté par la parenté étymologique existant en arabe (et également en hébreu) entre *Dbure* («abeille») et *Dbr* («parole»). Faut-il voir, chez certains auteurs, un sens similaire au nom d'Aldébaran, principale étoile de la constellation du Taureau, animal dont on sait désormais les multiples rapports mythiques qu'il entretient avec l'abeille? Soulignons également que, selon Columelle, la période de l'essaimage chez les abeilles coïncide avec la fin de cette période zodiacale.

L'abeille atteint le statut de divinité

Le panthéon égyptien, s'il n'exclut pas les insectes, ignore l'abeille. Et pourtant, cette dernière est véritablement un symbole puisque dès 2700 av. J.C., au même titre que le roseau représente la Haute-Egypte, l'abeille désigne la Basse-Egypte. A ce titre, dans le protocole, sa figuration précède toujours le nom du pharaon. Dans la mythologie hittite, par contre, l'abeille est souvent considérée comme une divinité à part entière. C'est également le cas dans la mythologie hindoue, où les dieux Indra, Krishna et Vishnu peuvent

L'utilisation d'une abeille stylisée comme symbole de la Basse-Egypte remonte à une très haute Antiquité puisqu'il en figure des hiéroglyphes sur des tombes royales datant de la première dynastie. C'est avec l'occupation romaine que son usage prit fin, après avoir été en vigueur pendant plus de trois millénaires.

revêtir la forme d'une abeille de couleur bleue posée sur une fleur de lotus. Ils sont alors dits *Madhava* (nés du miel : *madhu*). Le cruel dieu Siva est quelquefois adoré sous la forme d'un avatar moins belliqueux, représenté par un triangle surmonté d'une abeille. Il porte alors le nom de *Madheri*, le «suave».

Chez les Mayas précolombiens du Yucatan, l'abeille – il s'agit en fait d'une espèce locale sans dard, une mélipone – est considérée comme une divinité de premier plan. Il semble d'ailleurs que l'apiculture ait alors été réservée à une caste de prêtres. Quatre divinités abeilles, les Muzencabob, fils du Dieu suprême et figurant les quatre directions cardinales, maintiennent la Terre et supportent la voûte céleste. Ah Mucen Cab, la grande Abeille Rouge qui vit à l'est, encore appelée «grand gardien du miel», est la plus importante. Des divinités mineures, les Bolon Hobon, soignent les abeilles malades et ressuscitent les mortes. Enfin, chaque ruche renferme un seigneur abeille qui la protège : le Balam Cab.

Cet encensoir de terre cuite (env. 1200-1500 apr. J.-C.), honore Ah Mucen Cab, la grande Abeille Rouge, descendue du ciel pour enseigner l'apiculture aux hommes.

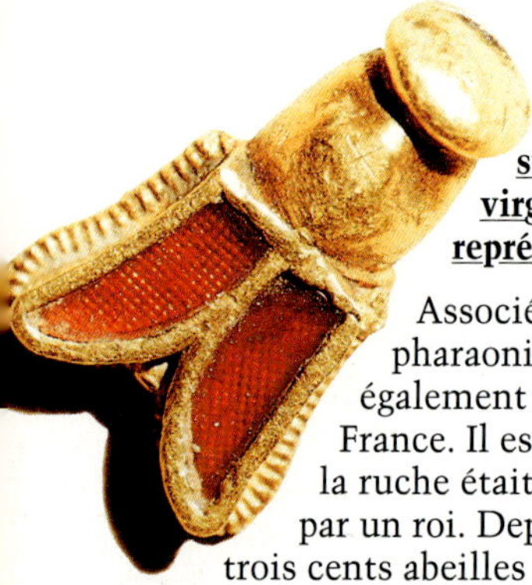

Tout naturellement symbole de royauté, l'abeille a d'abord été synonyme de pureté et de virginité avant de représenter l'amour

Associée au pouvoir pharaonique en Egypte, elle a également représenté la royauté en France. Il est vrai que de tout temps la ruche était connue pour être dirigée par un roi. Depuis la découverte de trois cents abeilles en or dans le tombeau de

Que l'abeille fût symbole des maisons royales de France n'a pas de quoi surprendre : dès l'Antiquité on a vu dans la ruche la monarchie idéale. Lorsqu'il entra dans la ville de Gênes qu'il venait de conquérir, Louis XII, dont l'un des étendards était parsemé d'abeilles d'or, portait un manteau blanc frappé de ces mots de Sénèque : «Le roi n'a pas d'aiguillon.» L'auteur latin y ajoutait, parlant du «roi de la ruche» : «La nature n'a pas voulu qu'il fût cruel, ni qu'il exerçât une vengeance qui eût coûté trop cher. Elle lui a donc refusé un dard et laissé sa colère désarmée.» (*De la clémence*, I, 19).

Thème ancien quoique mineur dans la symbolique maçonnique, l'abeille est généralement associée aux mystères de l'initiation. Puis vers la moitié du XIXe siècle, elle figure de plus en plus fréquemment dans les documents des francs-maçons comme représentante de l'idéal mutualiste. C'est à cette époque que de nouvelles loges aux noms évocateurs comme «La Ruche», «La Ruche libre» ou «La Ruche philosophique», verront le jour.

Childéric Ier (mort en 481)
d'aucuns se sont interrogés pour savoir si la fleur de lys des maisons royales ne dérivait pas d'une abeille stylisée. Quoiqu'il en soit, l'empereur Napoléon Ier a fait grand usage de ce signe distinctif, en particulier sur le manteau de son sacre.

Pour la religion chrétienne l'abeille a longtemps signifié pureté et chasteté. Il est vrai qu'on pensait ces insectes vierges. Avec la Renaissance, en témoignent les coquines poésies de Ronsard, la vertu devient compagne de Cupidon. De ces diverses visions, les traditions populaires ont su garder un vivant témoignage, que ce soit au travers de l'abeille elle-même ou des multiples produits que les hommes ont extraits du miel et de la cire.

« Ha ! que ne suis-je abeille ou papillon !
J'irais
Malgré toi
te baiser,
et puis je m'assoirais
Sur tes tétins... »
(Ronsard, *Amours de Marie*)

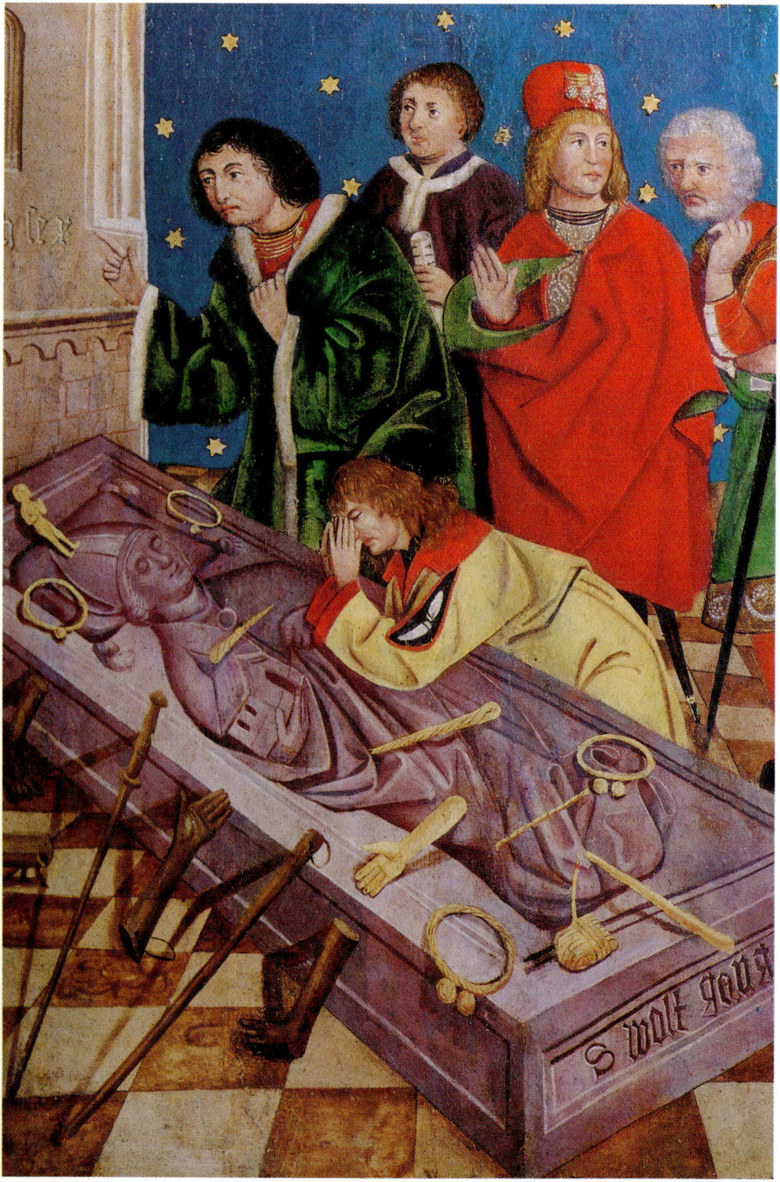

« Pour arrêter un essaim, dites trois fois, après avoir jeté trois pierres en formant le signe de la croix : notre Seigneur s'en allant au Jourdain pour y laver ses mains, les gouttes y tombèrent, les mouches se formèrent. »

Coisy, *Médecine mystérieuse*

CHAPITRE V

FOLKLORE ET USAGES

La connaissance approfondie unissant l'homme et les abeilles a fait naître au cours des siècles de multiples croyances se mêlant le plus souvent aux pratiques religieuses. Présente dans les campagnes par les ruches jouxtant les habitations, l'abeille est universelle à travers les produits issus de son labeur. La nature et les divers usages de ces derniers leur conféreront également une connotation religieuse : le miel est assimilé à la manne céleste, les cierges illuminant les églises sont en cire, tout comme ces ex-voto déposés sur la sépulture de saint Wolfgang.

Cette image figurant la mort dans un char tiré par des abeilles illustre la place de l'insecte dans les rites funéraires. Selon une croyance d'origine germanique, l'esprit quitterait le corps sous la forme d'une abeille. C'est sans doute à la même tradition qu'appartient la pratique consistant à annoncer aux habitantes de la ruche le décès de leur maître, leur évitant ainsi d'aller jusqu'au ciel chercher son âme.

Une image le plus souvent positive devient parfois un présage maléfique

L'essaimage, par sa soudaineté et son caractère extraordinaire, a fortement frappé les imaginations et suscité l'émergence de multiples superstitions. Chez les auteurs classiques, la présence d'un essaim augurait d'événements souvent dramatiques. Selon Tite-Live, une telle apparition au-dessus de la tente d'Hannibal serait à l'origine de la défaite contre Scipion l'Africain. Pline l'Ancien soutient une thèse contradictoire, attribuant à la soudaine arrivée des abeilles le présage d'une prochaine victoire militaire. Les deux versions opposées se retrouvent dans les diverses traditions orales véhiculées pendant des siècles dans les campagnes européennes. Aux Pays-Bas, l'arrivée d'un essaim sur un arbre conférait à ce dernier une importante valeur magique. Les jeunes filles en prélevaient un rameau comme gage de futur succès amoureux. En Angleterre, un essaim suspendu à une branche morte annonçait qu'un malheur allait survenir.

En Europe, les croyances liées à l'abeille ont souvent été associées au calendrier religieux

Nous avons souligné à quel point il était primordial pour un apiculteur de récupérer l'essaim quittant la ruche-mère : d'où l'importance des charivaris qui s'en suivaient. Dans le but de contrôler ce moment, démarche qui semble a priori plus rationnelle qu'une course effrénée à travers champs, l'éleveur a fréquemment eu recours à des pratiques magico-religieuses de l'efficacité desquelles on pourra juger. Ainsi, une branche de buis, bénie le jour des Rameaux et posée sur une ruche, empêche ou provoque l'essaimage selon les régions. A la Chandeleur, en Corrèze, c'est un cierge, béni l'année précédente à la même période, et placé la nuit sur une branche par le propriétaire de la ruche, qui détermine l'endroit où se pose l'essaim.

Ce calendrier du XIVe siècle annonce les événements des sept années à venir : s'y mêlent présages de mort [les jeunes gens couchés] et de miellée abondante [les grandes ruches].

«La cire est le symbole de la chair virginale du Christ, la mèche celui de son âme et la flamme celui de sa Divinité» (Chevalier, *De l'usage de la cire dans les cérémonies religieuses*, 1868). Les cierges investis d'une telle symbolique, on conçoit que l'Eglise était très attentive à leur composition : toute substance autre que la cire d'abeilles pure en était totalement exclue. On comprend également l'importance de leur utilisation dans les fêtes catholiques dont témoigne cette *Offrande des cierges* ayant pour cadre la Piazza della Signoria à Florence. Cet usage immodéré des cierges n'était pas l'apanage exclusif de la chrétienté si l'on en croit les auteurs arabes lorsqu'ils rapportent le faste des fêtes de leurs princes : à un mariage, l'ensemble des cierges allumés, rapporte un chroniqueur, aurait pesé trois mille soixante quintaux!

Le rucher bénéficie également de la protection de nombreux saints parmi lesquels saint Ambroise est le plus fréquemment invoqué. On érigera à ceux-ci des chapelles, lieux d'offrandes – souvent des gâteaux de miel –, de dévotions et parfois de pèlerinage.

Les abeilles elles-mêmes, si l'on se réfère à certaines croyances en vigueur dans la société traditionnelle, respectent les fêtes et les rites religieux. Ne disait-on pas dans plusieurs régions d'Europe occidentale que la nuit de Noël, à minuit, on pouvait entendre les abeilles chanter un cantique à la gloire de l'enfant Jésus nouveau-né?

Souvent les légendes, qui sont à l'origine de la construction d'églises et de couvents, relatent le comportement miraculeux d'abeilles respectueuses de Dieu et d'hosties consacrées. Ces dernières, dévotement déposées pour protéger la ruche par un propriétaire bienfaisant ou jetées négligemment par un esprit sacrilège selon les versions, sont l'objet de soins attentifs de la part des abeilles qui leur érigent

La quiétude qui émane de cette scène rurale, où les personnages vivent à proximité d'un rucher accolé à la maison, témoigne de l'intégration des abeilles à la vie paysanne. D'où les multiples légendes, traditions, proverbes et dictons relatifs aux abeilles qui foisonnèrent dans les diverses régions d'Europe. De cette devinette, l'enfant des campagnes connaissait la réponse :
«Une petite guirlande
Qui va parmi la lande
Avec son poil roussin
Si tu ne devines pas
Tu me dois un pot
de vin.»

d'élégants hôtels et ciboires dans la plus pure des cires.

Souvent considérées comme «parentes» de l'apiculteur, elles sont associées à tous les événements de sa vie familiale

Les abeilles étant des insectes au scns moral très élevé, il n'est bien sûr pas question pour elles de travailler pour des mauvaises gens. Les joueurs, les buveurs et les mauvais époux en sont quittes pour voir leurs ruches se vider et se voient administrer force piqûres. Selon une tradition allemande,

Passons sur la misogynie de cette gravure qui, par un de ces dictons qui fleurissent encore chez nos marchands de bibelots, résume l'origine de cette discorde : «Si votre poule fait le coq, si votre femme fait le maître, mettez d'abord la poule au pot, et la femme à Bissètre.» De ce «débat pour la culotte», le couple désuni tirera peu de profit, ses abeilles, quoi qu'il en soit, ont choisi de partir : «Société en déroute et ménage perdu», moralise le graveur. Gens de mauvaise vie, jureurs, querelleurs, buveurs, coureurs ou paresseux vous attendrez en vain que les mouches à miel se mettent à votre service. Si l'on en croit Plutarque, il est bien connu depuis l'Antiquité que ces insectes industrieux ne travaillent que pour les bonnes gens. Et l'auteur grec de s'interroger dans ses *Préceptes conjugaux* : «Pourquoi les abeilles lancent-elles leur aiguillon contre les gens débauchés ?»

il était fort peu recommandé de s'en plaindre, les abeilles, compagnes d'Adam et Eve chassés du Paradis, connaissant le langage des hommes. Abeilles et apiculteur se doivent protection mutuelle. Celui-ci leur fournit un abri, celles-là chassent les mauvais esprits de la maison. En corollaire, elles doivent être tenues au courant des événements qui rythment la vie de leur propriétaire, sans quoi elles se disperseraient et le rucher périrait. Lorsque, dans la maison de l'apiculteur, un enfant vient à naître, ou à être baptisé, les ruches sont décorées de rubans de couleurs gaies. Autre événement heureux, le mariage est également annoncé aux mouches à miel à qui l'on demande de servir le nouveau couple.

Parfois, afin que les abeilles puissent participer aux funérailles, on plaçait dans le rucher un habit ayant appartenu au défunt.
A l'inverse, pour que le disparu parte avec un souvenir de ses abeilles, on déposait un fragment de rayon dans son cercueil.

A la mort du propriétaire, les ruches doivent porter le deuil : on leur attache alors un ruban noir ou bien on les recouvre d'un drap de couleur sombre. Le non-respect de ce rite entraînerait la mort des insectes. En Angleterre et en Flandres, le nouveau maître devait leur demander si elles étaient disposées à rester avec lui. Il devait alors frapper la ruche trois fois : si ses habitantes bruissaient c'est

« Si le chef d'une ferme,
ou la mère, ou la fille,
Si quelque membre enfin,
mourait dans la famille
Les ruches qui chantaient
aux deux côtés du seuil,
Sont couvertes de noir
en signe d'un grand deuil,
Aux pleurs de la maison,
à toutes ses prières,
On veut associer
ce peuple d'ouvrières.
Au contraire à la ferme
un matin fortuné,
Qu'après neuf mois d'attente,
arrive un nouveau-né,
Qu'un bonheur imprévu,
dans la famille éclate,
Chaque ruche reçoit
un voile d'écarlate,
Tous ont l'habit de fête,
et dans les deux maisons,
On entend résonner
la joie et les chansons »
(Brizeux, poète breton
du XIXe siècle).

qu'elles acceptaient de le servir et de lui fournir les fruits de leur travail, le miel et la cire principalement.

Le miel, nourriture divine, a fait l'objet d'une multitude de préparations culinaires

Les Egyptiens confectionnaient déjà des gâteaux à l'aide de farine et de miel et selon la Bible, la manne céleste n'était pas composée d'autre chose. Au cours de l'Antiquité grecque et romaine le

miel, présent sur toutes les tables, était employé pour les sauces comme pour les desserts.

Le *melikraton*, boisson à base de lait et de miel, était communément donné aux enfants grecs pour ses vertus fortifiantes. Quant aux hydromels et autres breuvages résultant de la fermentation du miel, il n'est pas de civilisation à abeilles qui n'en ait eu connaissance.

Dans la mythologie scandinave en particulier, l'hydromel est la boisson des dieux et des héros mythologiques. La «lune de miel» correspondait chez ces peuples du nord de l'Europe à la quantité de vin de miel nécessaire pendant un mois à un couple de jeunes mariés.

Le pain d'épice, que ce marchand ambulant vend sous forme de figurines, est connu depuis l'Antiquité égyptienne. Mets très prisé à la cour de France, il aurait été utilisé, agrémenté par Catherine de Médicis, de quelques «épices» peu ordinaires, pour se débarrasser de personnages gênants. Fort heureusement, cette coutume était peu répandue, et la consommation du pain d'épice devint de plus en plus importante. A tel point qu'il se créa, au XVIIe siècle, une corporation de «pain-d'épicier», distincte de celle des pâtissiers. La tradition qui veut que la manne céleste soit assimilée à du miel rejoint de nombreuses croyances rapportées également par les auteurs antiques pour lesquels le miel proviendrait du ciel ou, comme le pensait Columelle, de la rosée. Les Anciens ignorant l'existence des nectars des fleurs, l'origine du miel était dès lors très mystérieuse.

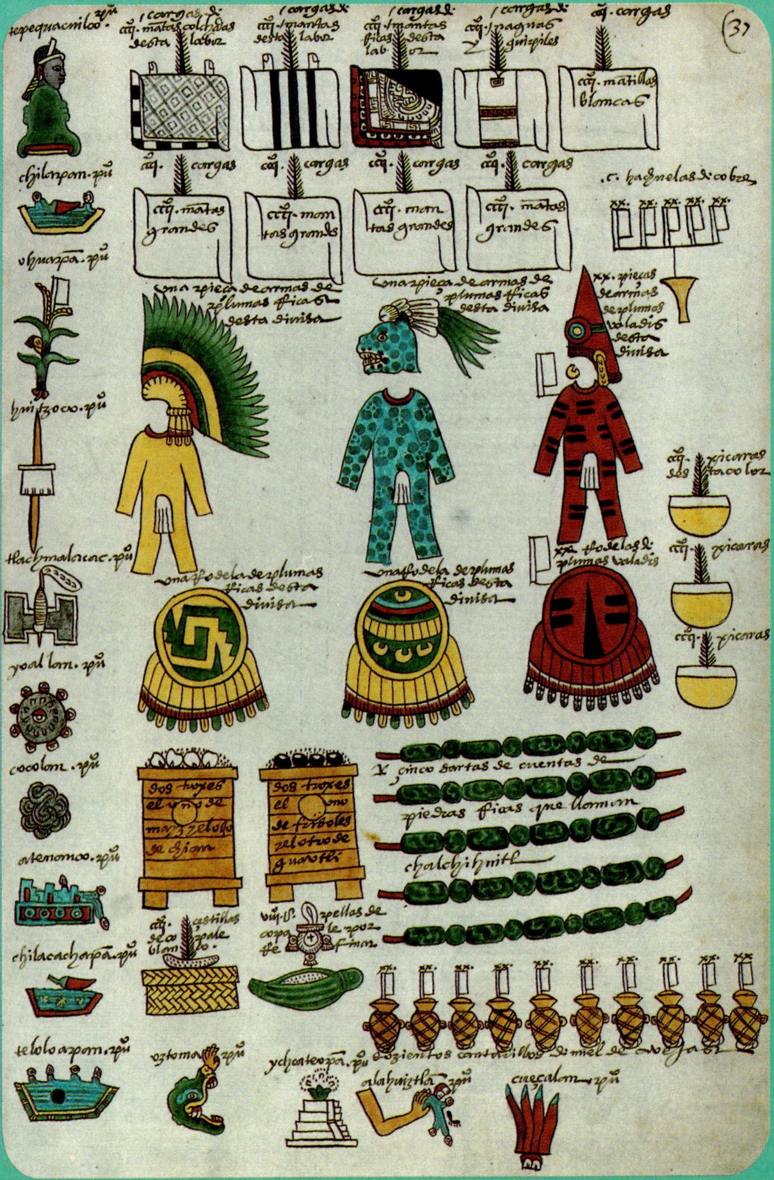

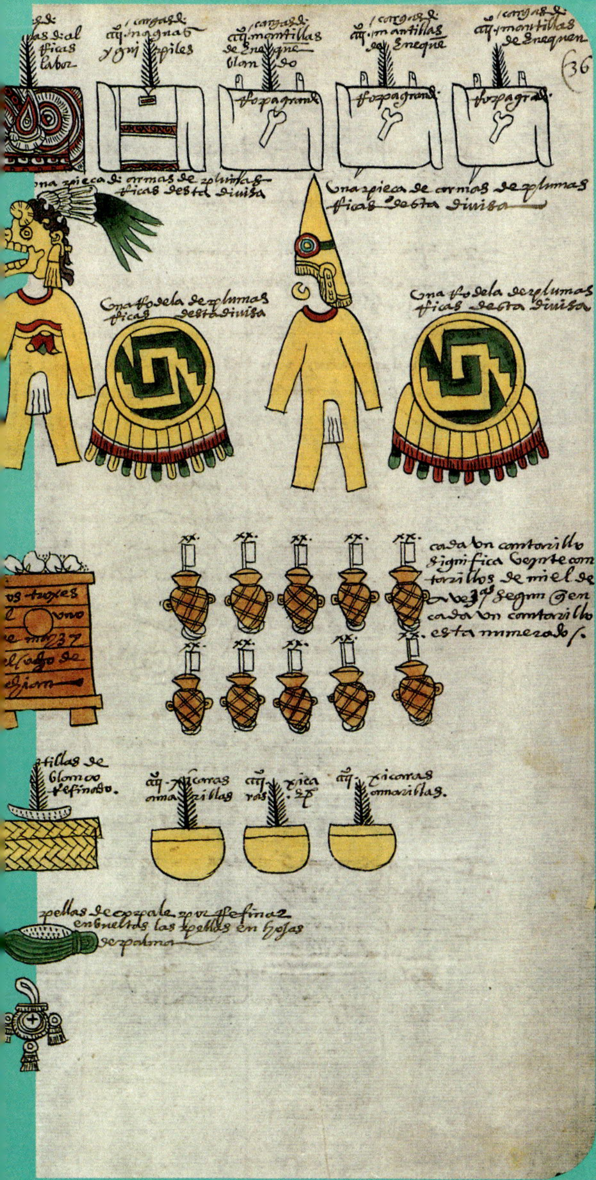

Rédigé par un scribe-peintre aztèque à l'initiative de Don Antonio de Mendoza, premier vice-roi de la nouvelle Espagne, le Codex Mendoza fut réalisé à l'intention de l'empereur Charles-Quint. Afin que ce dernier puisse se faire une idée de la vie dans ses nouvelles colonies, de multiples commentaires, écrits par un prêtre espagnol connaissant la langue des Aztèques, accompagnaient le Codex. A la suite de nombreuses péripéties, ce dernier ne parvint jamais à son destinataire, le bateau le transportant en Europe ayant été attaqué par un navire de guerre français. Les multiples pots de miel figurant sur cette page du Codex, tributs versés à l'empereur aztèque, témoignent de l'importance de l'apiculture dans le Mexique précolombien. Ainsi, sous Moctezuma II, dernier empereur de Mexico, la région de l'actuel Etat de Guerrero était exclusivement imposée en miel. Il semble que ces tributs, outre leur valeur économique, symbolisaient allégeance et soumission au pouvoir aztèque.

La cire, un matériau plastique aux multiples usages : domestiques, artistiques et religieux

Seule matière plastique qui ait longtemps été disponible, la cire a surtout été utilisée dans l'Antiquité pour sceller les récipients contenant des aliments. A cette seule fin, elle était déjà une denrée fortement prisée et de haute valeur. Lorsque Pinarius, prêteur de la Corse en 181 av. J.-C., accorda la paix aux habitants de l'île, il leur imposa un tribut annuel de 10 000 livres de cire qu'il doubla deux ans plus tard. Depuis l'Antiquité égyptienne la cire a servi à modeler des statuettes. Certaines d'entre elles, dotées de vertus magiques, furent utilisées en sorcellerie pour jeter des sorts. Ovide fait également référence à de telles pratiques, se plaignant d'en être la victime. Cette utilisation maléfique de la cire, dont l'apogée correspond au Moyen Age, s'est perpétuée jusqu'à notre siècle. Des figurines de cire furent également employées dans les églises en guise d'ex-voto, surtout pendant la Renaissance. Enfin, l'usage de la technique de la cire, perdue, répandu dans de nombreuses civilisations, est à l'origine de véritables chefs-d'œuvre en bronze appartenant au patrimoine artistique mondial.

Peu à peu, c'est essentiellement

Matériau malléable par excellence, la cire a permis de réaliser de magnifiques statues comme cette métisse mexicaine ou cet ex-voto figurant le prince Maxémilien Philippe Hiéronymus.

pour les besoins de l'éclairage que la cire a été utilisée. Les bougies furent d'abord des objets de luxe ou réservés au culte. Les dépenses de l'Eglise en cierges étaient véritablement fastueuses et la fabrication des bougies, l'apanage de riches corporations. Au XVIIIe siècle, l'usage des bougies s'était à ce point généralisé que Diderot et d'Alembert, dans l'*Encyclopédie*, s'inquiétant de la forte consommation de cire («l'Europe ne fournit pas assez de cire pour le besoin qu'on en a») proposèrent de rechercher un matériau alternatif. Ce n'est que vers la fin du XIXe siècle que les succédanés de cire sonnèrent le glas des industries utilisant le deuxième grand produit de l'apiculture; puis vinrent l'éclairage au gaz et l'électricité.

Tête de femme d'Ifé au Nigeria et poids baoulés de Côte d'Ivoire servant à peser l'or, réalisés selon la technique de la cire perdue.

La cire est demeurée pendant plusieurs siècles le matériau de prédilection permettant de s'éclairer sans fumée ni odeur. Les bougies servant à l'éclairage des maisons étaient fabriquées selon deux techniques, par moulage, ou bien, comme c'est ici le cas, par filage. La bougie filée, généralement obtenue à partir de cire d'abeille pure, était ainsi dévidée sur un tour, enroulée en bobine et enfin découpée à la longueur désirée.

fig. 3.
B
N
G

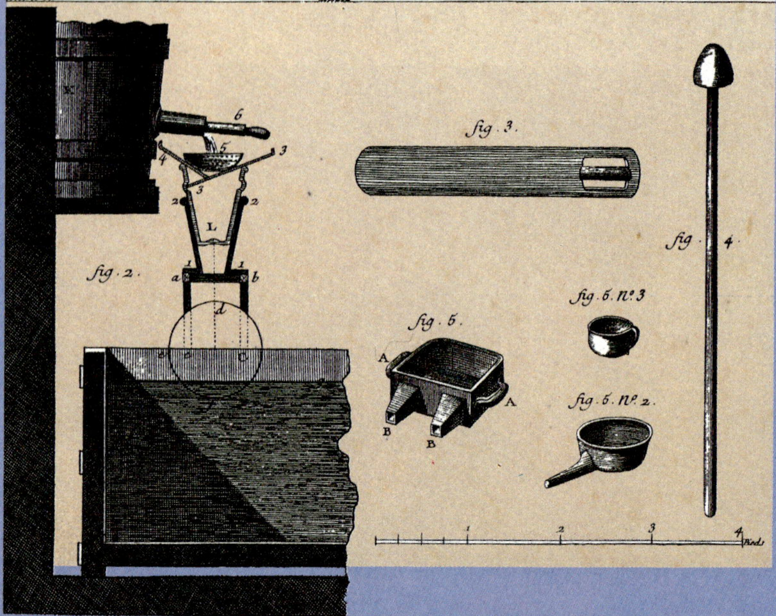
fig. 3.
fig. 2.
fig. 4.
fig. 5.
fig. 5. N.° 3
fig. 5. N.° 2.
L
A
B
1
2
3
4

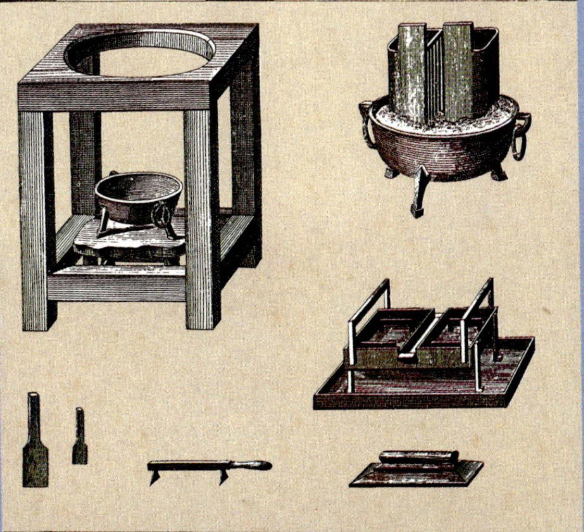

L'art du cirier

Constitués en véritables corporations, les ciriers possédèrent au cours du XVIIIe siècle de vastes ateliers afin de répondre à une demande de plus en plus importante en cierges et autres produits de cire. Ces planches issues de l'*Encyclopédie* de Diderot et d'Alembert décrivent quelques aspects de leur travail. L'opération préliminaire consistant à blanchir la cire, c'est-à-dire à la débarrasser de toutes ses impuretés, nécessite ici (page de gauche) le recours à de grandes chaudières de cuivre dans lesquelles la cire était fondue. Celle-ci, outre son utilisation pour la fabrication des bougies, était essentiellement employée pour clore hermétiquement des récipients. C'est dans un atelier comme celui de la page de droite qu'était fabriquée, sous forme de bâtons, cette «cire à cacheter» ou «cire d'Espagne».

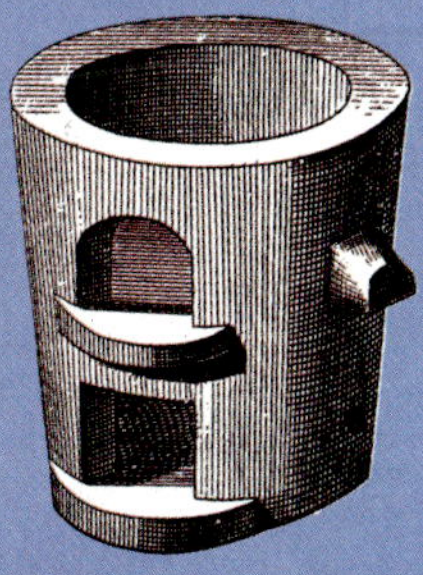

fig.3
fig.2
A

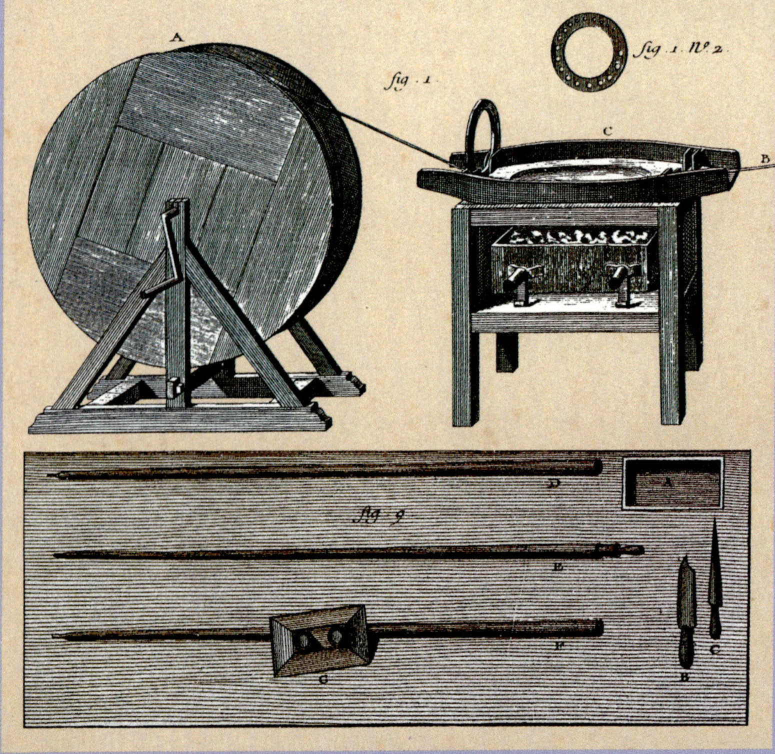
A
fig.1
fig.1. N°.2
C
B
D
A
fig 9
E
F
G
B
C

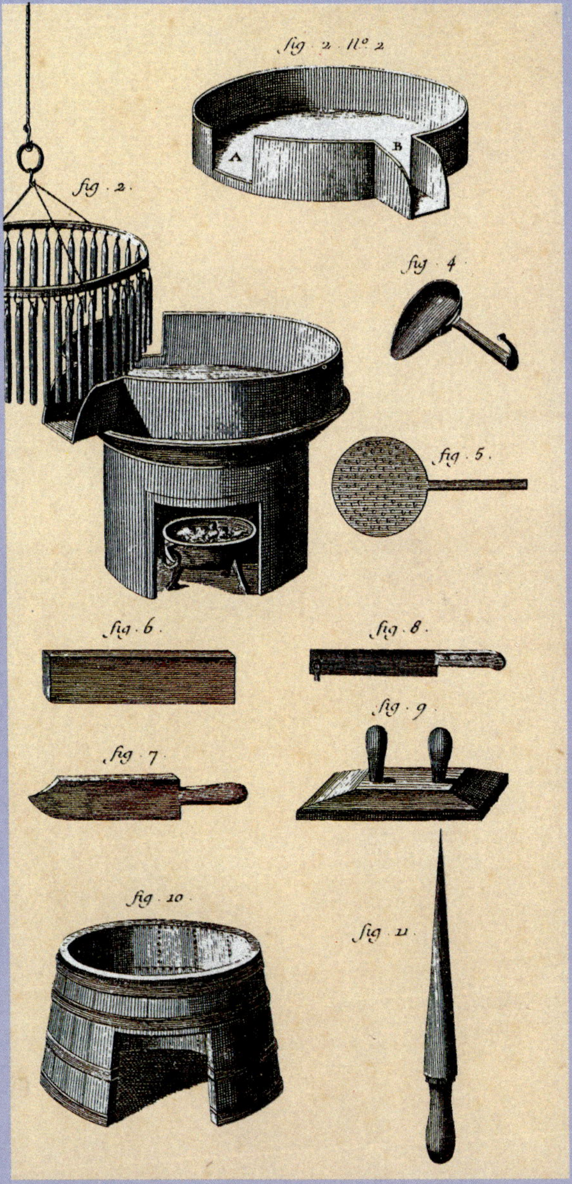

Le filage et la technique de la cuillère

Les chandeliers ciriers utilisaient deux méthodes distinctes pour la fabrication des bougies : le filage et la technique de «la cuillère». Elles sont conjointement illustrées dans la vue en perspective de cet atelier et les outils employés dans chaque cas sont décrits en détail sur les figures voisines.
La bougie filée est obtenue par une technique qui rappelle le tréfilage des métaux. Pour la bougie à cuiller, l'ouvrier verse de la cire liquide sur des mèches suspendues et répète cette opération jusqu'à ce qu'elle ait atteint la taille requise. Les cierges et bougies sont ensuite polis avant d'être mis en la vente.

La propolis, produit miracle des luthiers?

Récoltée sur les bourgeons et l'écorce de certaines espèces d'arbres et transformée par les sécrétions salivaires des ouvrières, la propolis est le matériau à tout faire des abeilles. Les ouvrières l'utilisent pour construire des barrières de protection à l'entrée de la ruche ou bien pour en enduire un intrus, rongeur ou insecte parasite, qu'elles ont tué et qu'elles sont incapables de déplacer. Ainsi embaumé, le cadavre ne pourrira pas. Cette résine naturelle a été employée depuis des siècles pour la fabrication de vernis. Les propriétés physiques de ces derniers varient à l'extrême avec celles de la propolis utilisée. Ainsi, le secret de la sonorité exceptionnelle de certains violons résiderait peut-être dans la nature de la propolis employée par des luthiers italiens au XVIIIe siècle. De nos jours, cette substance est surtout utilisée pour ses propriétés anesthésiques et cicatrisantes, principalement pour les soins vétérinaires.

Au même titre que la poudre d'ivoire d'éléphant, animal mythique, et que d'autres extraits animaux et végétaux, le miel a des vertus qui ont valu à cette ruche et à ses habitantes de figurer en bonne place dans ce *Livre des simples médecines*.

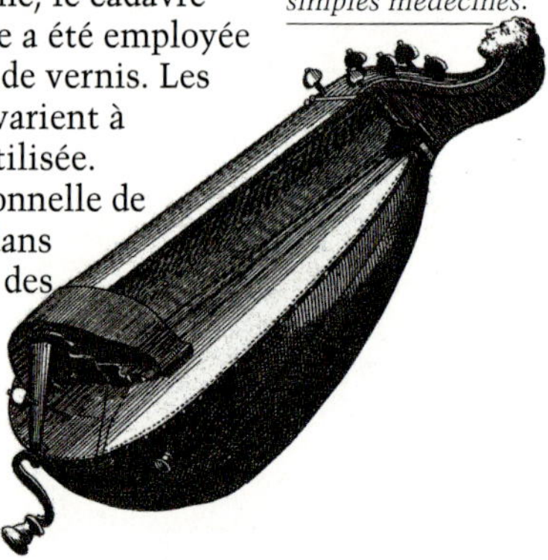

La plupart des produits de la ruche, ainsi que les abeilles elles-mêmes, ont fait l'objet de préparations à usage cosmétique et médical

Il y a près de deux mille ans, un papyrus égyptien faisait déjà mention du miel comme base de nombreuses préparations à usage thérapeutique interne ou externe. Selon Pline, le miel «s'emploie avec succès pour la gorge, les amygdales, l'angine et tous les besoins de la bouche». Bouilli, il est également efficace «pour les blessures, les morsures de serpent et l'empoisonnement par les champignons». De nombreux Anciens tels que Pythagore assurent que le miel est le secret de leur longévité. Un texte sacré de l'Inde, le Yadjour-Véda, affirmait à ce propos qu'un régime à base de lait et de miel pouvait prolonger la vie de cinq cents années!

La cire a, quant à elle, été utilisée depuis toujours pour confectionner des emplâtres et des pansements.

Contemporain de cette pharmacie du XVe siècle, l'*Evangile des quenouilles* préconisait «à femme qui a nouvellement pris les fièvres», le traitement suivant : «s'elle oingt tous ses conduits de miel le premier jeudi qu'elles les aura eues, sachiez qu'elle en sera quitte et délivrée».

La poudre d'abeille broyée a elle-même été employée comme remède contre les brûlures et les piqûres de l'insecte. De nos jours on la trouve encore comme préparation homéopathique sous le nom d'*Apis mellifica*.

De tout temps compagne de l'homme, auquel elle a fourni pendant des millénaires la seule matière sucrée et le seul matériau plastique aisément disponibles dans la nature, l'abeille n'a en retour occasionné que fort peu de désagréments à son commensal. Encore a-t-il fallu que celui-ci, pour se soulager des piqûres de l'*Apis*, utilisât sous ce même nom la substance même de cette appellation.

« Nul miel sans fiel » affirme un dicton populaire et l'apiculteur, tout habile qu'il soit pour s'en protéger, n'échappe pas à l'aiguillon de ses abeilles. Ce n'est qu'à force de piqûres répétées, sur de nombreuses années, qu'il pourra acquérir une immunité à leur venin. Mais là encore l'homme s'est ingénié à profiter de l'insecte mellifère : Gallien et Hippocrate relatent déjà l'utilisation médicale de son venin. Charlemagne aurait guéri d'une goutte irrascible en se faisant administrer des piqûres d'abeilles.
Plus récemment, l'« apithérapie », bien que contestée par la médecine officielle, a trouvé de nombreux adeptes qui préconisent tout particulièrement l'usage du venin pour le traitement de l'arthrite et des rhumatismes.

TÉMOIGNAGES ET DOCUMENTS

Mythes sud-américains

Dans son analyse des mythes d'Amérique du Sud relatifs à l'origine du miel, l'ethnologue Claude Lévi-Strauss exprime le caractère exceptionnel de cet aliment qui, «pour les Indiens, offre un attrait que n'égale celui d'aucune nourriture».

Pour un mythe se rapportant explicitement à l'origine du miel en tant que produit naturel, il faut se référer à une population du Mato-Grosso méridional, les Ofaié-Chavanté qui, au nombre d'un millier au début du siècle, ne comprenaient plus en 1948 que quelques dizaines d'individus ayant presque complètement perdu le souvenir de leurs mœurs et de leurs croyances traditionnelles. Racontés dans un portugais rustique, leurs mythes offrent de nombreuses obscurités.

Mythe des Indiens Ofaié : origine du miel

Jadis, il n'y avait pas de miel. Le loup était le maître du miel. On voyait ses enfants barbouillés de miel dès le matin, mais le loup le refusait aux autres animaux. Quand ils en demandaient, il leur donnait des fruits d'araticum, et prétendait que c'était tout ce qu'il avait.

Un jour, la petite tortue terrestre annonça qu'elle voulait s'emparer du miel. Après avoir bien ajusté sa carapace sur son ventre, elle pénétra dans l'antre du loup et réclama le miel. Le loup commença par nier qu'il en eût, mais, comme la tortue insistait, il lui permit de se coucher sur le dos la bouche ouverte, et de boire à satiété le miel qui coulait d'une calebasse accrochée au-dessus.

Ce n'était qu'une ruse. Profitant de l'inattention de la tortue qui était toute à son festin, le loup fit amasser par ses enfants du bois mort, et ils l'enflammèrent autour de la tortue dans l'espoir de la manger quand elle serait cuite. Peine perdue : la tortue continuait à se gorger de miel. Seul le loup était incommodé par le brasier. Quand la calebasse fut vide, la tortue se leva tranquillement, dispersa les braises, et dit au loup qu'il devait maintenant donner le miel à tous les animaux.

Le loup prit la fuite. Commandés par la tortue, les animaux le cernèrent et le préa alluma un feu de brousse autour du lieu où il s'était réfugié. Le cercle de feu se refermait, les animaux se demandaient si le loup était bien là : seule une perdrix s'était échappée des flammes. Mais la tortue, qui n'avait pas quitté des yeux l'endroit où le loup avait fui, savait que c'était le loup qui s'était changé en perdrix.

Aussi continua-t-elle à la fixer du regard jusqu'à ce qu'elle ait disparu. Sur l'ordre de la tortue, les animaux s'élancèrent dans la direction prise par l'oiseau. La poursuite dura plusieurs jours. Chaque fois qu'on rattrapait la perdrix, elle s'envolait de nouveau. Grimpée sur la tête d'un autre animal pour mieux voir, la tortue aperçut la perdrix qui se transformait en abeille. La tortue planta un piquet pour marquer la direction qu'elle avait prise. La chasse commença, mais sans plus de résultat. Les animaux étaient complètement découragés. «Mais non, dit la tortue, nous n'avons marché que trois mois et nous avons presque fait la moitié du chemin. Regardez le piquet, là-bas, derrière vous : il vous montre la bonne direction.» Les animaux se retournèrent et virent que le piquet s'était transformé en palmier pindo.

Ils marchèrent, marchèrent encore. Finalement, la tortue annonça qu'on arriverait au but le lendemain. Le lendemain, en effet, ils virent la «maison» des abeilles dont les guêpes venimeuses défendaient l'entrée. L'un après l'autre, les oiseaux tentèrent de s'approcher, mais les guêpes les attaquaient «en leur lâchant cette eau qu'elles ont» et les oiseaux tombaient étourdis et mouraient. Le plus petit d'entre eux, un pic (ou un oiseau-mouche?), réussit pourtant à éviter les guêpes et à prendre le miel. «Eh bien, mon fils, dit la tortue, maintenant nous avons du miel. Mais c'est bien peu : si nous le mangeons, il sera fini tout de suite.» Elle prit le miel, donna à chaque animal une bouture (*uma muda*) pour qu'il se fasse une maison et plante. Quand il y en aurait assez on reviendrait.

Longtemps après, les animaux commencèrent à s'inquiéter de leurs plantations de miel, et ils demandèrent au «maritaca» d'aller voir ce qui se passait. Mais la chaleur qui régnait là-bas était si brûlante que le «maritaca» ne put s'approcher. Les animaux qui acceptèrent ensuite de tenter l'aventure trouvèrent plus commode de s'arrêter en route : le perroquet sur un arbre à fruits (mangaba : *Hancornia speciosa*), l'ara hyacinthe dans une agréable forêt; et ils invoquèrent la température torride pour expliquer leur échec. Finalement, la perruche s'éleva si haut, volant presque jusqu'au ciel, qu'elle réussit à atteindre les plantations. Elles regorgaient de miel.

Quand il fut informé, le chef des animaux décida de se rendre sur place, pour voir de ses propres yeux. Il inspecta les maisons : beaucoup de gens avaient mangé le miel qu'ils avaient reçu pour planter, et ceux-là n'en possédaient plus; d'autres en avaient suffisamment, enfoui à ras de terre et facile à extraire. «Cela ne va pas durer longtemps, dit le chef; nous allons être sans miel. Il y en a très peu, pour ainsi dire pas. Attendez un peu, et il y aura du miel pour tout le monde.» Entre-temps, il avait lâché les abeilles dans la forêt.

Plus tard, il rassembla les habitants et leur dit de prendre leurs hachettes et d'aller chercher du miel : «Maintenant, la forêt est pleine, il y a de tout : du miel bora, mandaguari, jati, mandassaia, caga-fogo, vraiment tout. Vous n'avez qu'à vous mettre en route. Si vous ne voulez pas d'une sorte de miel, passez à l'arbre suivant, il y en aura une autre. Vous pouvez en tirer autant que vous voulez, cela ne finira jamais pourvu que vous n'en preniez qu'autant que vous pourrez emporter dans les calebasses et autres récipients dont il faudra vous munir. Mais ce que vous ne pouvez pas emporter doit être laissé sur place, après avoir bien refermé l'ouverture (faite dans le tronc à coups de hache), pour attendre la prochaine fois.»

Depuis, nous avons suffisamment de miel, à cause de cela. Quand les gens vont défricher, ils en trouvent. Dans un arbre, il y a du miel bora, dans l'autre du mandaguari, dans un autre, du jati.

De quoi parle le mythe?

... D'une époque où les animaux, ancêtres des hommes, ne possédaient pas le miel, de la forme sous laquelle ils l'obtinrent au début, et de leur renonciation à cette forme au profit de celle que les hommes connaissent à présent.

Que l'acquisition du miel remonte à la période mythique où les animaux ne se distinguaient pas des hommes n'a rien pour surprendre, puisque le miel, produit sauvage, relève de la nature. A ce titre, il doit être entré dans le patrimoine de l'humanité alors que celle-ci vivait encore à l'«état de nature», avant que ne s'introduise la distinction de la nature et de la culture, et celle de l'homme et de l'animal en même temps.

Il n'est pas moins normal que le mythe décrive le miel originel comme une plante qui germe, croît et mûrit. [...] En effet, la systématique indigène place le miel dans le règne végétal.

Toutefois, il ne s'agit pas ici d'un végétal quelconque, puisque le premier miel était cultivé, et que le progrès que retrace le mythe a consisté à le rendre sauvage. Nous touchons ici l'essentiel, car l'originalité de ce mythe est de suivre une démarche exactement inverse des mythes relatifs à l'introduction des plantes cultivées. Ces mythes évoquent le temps où les hommes ignoraient l'agriculture et se nourrissaient de feuilles, de champignons d'arbre et de bois pourri, avant qu'une femme céleste, changée en sarigue, leur eût révélé l'existence du maïs. Ce maïs avait l'apparence d'un arbre et il poussait à l'état sauvage, dans la forêt. Mais les hommes commirent la faute d'abattre l'arbre, et durent se partager les graines, défricher et semer; car l'arbre mort ne suffisait pas à leurs besoins. Ainsi apparurent, d'une part, la diversité des espèces cultivées (à l'origine, elles étaient toutes réunies sur le même arbre), et d'autre part, celle des peuples, des langues et des coutumes, résultant de la dispersion de la première humanité.

Dans le mythe cité, tout se passe de la même façon, mais à l'envers. Les hommes n'ont pas besoin d'apprendre l'agriculture puisqu'ils la possèdent déjà dans leur condition animale, et qu'ils savent l'appliquer à la production du miel dès l'instant où celui-ci tombe entre leurs mains. Mais ce miel cultivé offre deux désavantages : soit que les hommes ne résistent pas à la tentation de dévorer leur «miel en herbe», soit que ce dernier pousse si bien et se récolte si aisément – à la façon des plantes cultivées dans les champs – qu'une consommation immodérée épuise la capacité de production.

Comme le mythe entreprend alors de le démontrer méthodiquement, la transformation du miel cultivé en miel sauvage supprime ces inconvénients et

apporte aux hommes une triple sécurité. En premier lieu, les abeilles devenues sauvages vont se diversifier : il y aura plusieurs espèces de miel au lieu d'une seule. Ensuite, le miel sera plus abondant. Enfin, la gourmandise des collecteurs sera limitée par les quantités qu'il est possible de rapporter; un excédent de miel restera dans le nid où il se conservera jusqu'à ce qu'on revienne l'y chercher. Le bénéfice se manifestera donc sur trois plans : qualité, quantité, durée.

On voit où réside l'originalité du mythe : il se place, si l'on peut dire, dans une perspective «anti-néolithique» et plaide en faveur d'une économie de collecte et de ramassage, à laquelle il prête les mêmes vertus de variété, d'abondance et de longue préservation que la plupart des autres mythes mettent au crédit de la perspective inverse qui, pour l'humanité, résulte de l'adoption des arts de la civilisation. Et c'est le miel qui fournit l'occasion de ce remarquable retournement. En ce sens, un mythe sur l'origine du miel se rapporte aussi à sa perte. Devenu sauvage, le miel est à moitié perdu, mais il faut qu'il soit perdu pour être sauvé.

[...] Il ne faut donc pas s'étonner si, passant maintenant à la Guyane, nous y rencontrons comme ailleurs des mythes sur l'origine du miel, mais qui se rapportent pareillement à sa perte.

Mythe des Indiens Arawak : pourquoi le miel est si rare à présent.

Jadis, les nids d'abeilles et le miel abondaient dans la brousse, et un Indien s'était rendu célèbre par son talent à les trouver. Un jour qu'il creusait un tronc à coups de hache pour tirer du miel, il entendit une voix qui disait : «Attention! Tu me blesses!» Il poursuivit son travail avec précaution et découvrit au cœur de l'arbre une femme ravissante qui lui dit s'appeler Maba, «miel», et qui était la mère ou l'Esprit du miel. Comme elle était toute nue, l'Indien rassembla un peu de coton dont elle se fit un vêtement et il lui demanda d'être sa femme. Elle y consentit à la condition que son nom ne fût jamais prononcé. Ils furent très heureux pendant de nombreuses années. Et, de même qu'il était universellement tenu pour le meilleur chercheur de miel, elle s'acquit une grande réputation à cause de la façon merveilleuse dont elle préparait le cassiri et le paiwarri. Quel que fût le nombre des invités, il lui suffisait d'en préparer une jarre, et cette jarre unique les mettait tous dans l'état d'ébriété souhaité. C'était vraiment une épouse idéale.

Pourtant, un jour qu'on avait tout bu, le mari sans doute éméché, crut bon de

s'excuser auprès de ses nombreux invités. «La prochaine fois, dit-il, Maba en préparera davantage.» La faute était commise et le nom prononcé. Aussitôt, la femme se changea en abeille et s'envola malgré les efforts de son mari. Dès lors, la chance de celui-ci disparut. C'est depuis cette époque que le miel est rare et difficile à trouver.

Note : Le cassiri est une bière de manioc et de «patates rouges» préalablement bouillies et auxquelles on ajoute du manioc mâché par les femmes et les enfants, imprégné de salive et de sucre de canne, pour hâter la fermentation qui dure trois jours environ. La préparation du paiwarri ressemble à l'autre, sauf que cette bière est à base de galettes de manioc préalablement torréfiées.

[...] Un récent ouvrage de Wilbert contient des variantes warrau du mythe que nous venons de résumer. Il n'y est pas question de boissons fermentées. L'épouse surnaturelle procure à son mari une eau délicieuse qui est en réalité du miel, à condition que personne d'autre n'en boive. Mais il commet la faute de tendre la gourde à un compagnon assoiffé qui la réclame, et quand celui-ci, stupéfait, s'écrie «mais c'est du miel!» le nom prohibé de la femme se trouve avoir été prononcé. Sous prétexte de satisfaire un besoin naturel, celle-ci s'éloigne et disparaît, transformée en miel d'abeilles mohorohi. A sa suite, l'homme se change en essaim. Très différente est la version warrau recueillie par Roth :

Mythe des Indiens Warrau : l'Abeille et les boissons sucrées.

Il y avait deux sœurs qui tenaient le ménage de leur frère et lui servaient du cassiri, mais, malgré leurs efforts, celui-ci ne valait rien : il était fade et sans goût. Aussi, l'homme ne cessait de se plaindre : que ne rencontrait-il une femme capable de lui préparer une boisson douce comme le miel!

Un jour qu'il se lamentait tout seul dans la brousse, il entendit des pas derrière lui. Il se retourna et aperçut une femme qui lui dit : «Où vas-tu? Tu as appelé Koroha (l'abeille). C'est mon nom, me voici!» L'Indien exposa ses ennuis et dit combien ses sœurs et lui-même souhaitaient qu'il se marie. L'inconnue s'inquiéta de savoir si elle serait agréée par sa nouvelle famille, et elle céda finalement devant l'insistance et les assurances de son prétendant. Les gens du village la questionnèrent, mais elle eut soin d'expliquer à ses beaux-parents qu'elle n'était venue que parce que leur fils l'avait priée.

Quand le moment fut venu de préparer la boisson, elle accomplit des merveilles. Il lui suffisait de tremper son petit doigt dans l'eau et de remuer, c'était prêt! Et la boisson était sucrée, sucrée, sucrée! On n'avait jamais rien bu de si bon. Dès lors, la jeune femme approvisionna toute sa belle-famille en sirop. Et quand son mari avait soif, elle ne lui offrait l'eau qu'après y avoir plongé son petit doigt pour la sucrer.

Mais l'homme se sentit vite écœuré de ces douceurs, et il commença à quereller sa femme qui se rebiffa : «Tu m'as fait venir exprès pour avoir des boissons sucrées et maintenant tu n'es pas content? Débrouille-toi!» Sur ce, elle s'envola. Depuis cette époque, les Indiens doivent se donner beaucoup de mal pour grimper aux arbres, creuser les troncs, tirer le miel et le clarifier, avant de pouvoir s'en servir pour sucrer leurs boissons .

Mythologiques : Du miel aux cendres,
Claude Levi-Strauss,
Plon, 1984

Observer les abeilles

Pour savoir qui fait quoi dans la ruche, une seule solution : marquer les abeilles. Karl von Frisch s'y est appliqué et démontre ainsi qu'avec des moyens très simples, beaucoup de patience et une certaine dose de génie, le prix Nobel est accessible.

Nous avons déjà brièvement fait allusion à la division du travail que l'on peut observer dans la colonie d'abeilles. Les unes veillent à la propreté de la ruche, d'autres prennent soin du couvain, d'autres encore construisent les rayons ou apportent à la ruche la nourriture indispensable. On est tenté de faire un rapprochement avec ce qui se passe chez l'homme, et l'on pense à des femmes de ménage et à des bonnes d'enfants, à des architectes et à des agriculteurs; il existe cependant une différence fondamentale au point de vue de la division du travail, ici : chez nous, celui qui se décide à exercer un métier le garde généralement jusqu'à la fin de sa vie. Les abeilles ouvrières, elles, changent d'activité au fur et à mesure qu'elles avancent en âge.

Pour étudier ceci en détail et pour suivre le cours de l'existence d'individus bien déterminés, noyés dans la masse de leurs congénères, il nous faudra, outre une bonne dose de patience, recourir à certains artifices techniques.

La ruche d'observation et le numérotage des abeilles

La ruche habituelle est une caisse obscure. Si l'on veut en observer les habitants, il faudra recourir à une ruche d'observation, dont les rayons ne se trouvent pas l'un derrière l'autre, comme c'est généralement le cas, mais bien les uns à côté des autres, ce qui fait que, grâce à des fenêtres garnies de vitres, on peut suivre les abeilles des yeux dans tous leurs déplacements. Il nous faut ensuite faire une marque distinctive aux animaux que nous voulons suivre tout au long de leur existence, et pour cela, le mieux est de les *numéroter*. Nous le ferons à l'aide de couleurs de peintre, délayées dans une solution alcoolique de laque. Une tache blanche sur le bord *antérieur* du dos de l'abeille signifie 1, une rouge au même endroit 2, une bleue 3, une jaune 4, une verte 5. Les mêmes couleurs au bord *postérieur* du thorax signifieront : blanc 6, rouge 7, bleu 8, jaune 9, vert 0. En juxtaposant deux taches, nous pourrons former des nombres à deux chiffres : blanc à côté de rouge, au bord antérieur du thorax = 12, rouge devant à gauche et jaune derrière à droite = 29, etc. Les marques colorées sur l'arrière-train indiqueront les centaines – comme nous avons cinq couleurs, cela nous permettra d'aller jusqu'à 599, et si c'est nécessaire nous pourrons encore développer davantage ce système de chiffres. Celui-ci présente l'avantage qu'avec un peu d'habitude, on lit ces taches aussi facilement et aussi sûrement que des chiffres, et grâce à leurs couleurs éclatantes on arrive même à reconnaître d'assez loin une abeille en vol.

Nous allons exposer brièvement ce que l'on a découvert de cette façon, grâce à des observations qui s'étendent sur de nombreuses années.

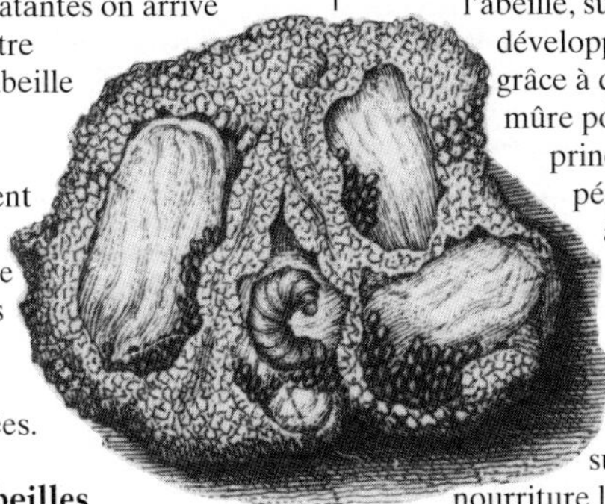

L'activité des abeilles aux différentes périodes de leur vie

De l'éclosion jusqu'à la mort, on peut diviser en trois parties la vie de l'ouvrière. Au cours de la *première période* (du premier au dixième jour environ), elle mène ses activités en tant qu'*abeille domestique*, à l'intérieur de la ruche. On la voit s'introduire tête en avant dans des cellules que l'éclosion d'autres abeilles a rendues libres; elle nettoie ces alvéoles et en façonne les parois internes au moyen de ses mandibules. On ne sait pas ce que signifie cette dernière manœuvre, mais il est établi que la reine ne pond pas d'œufs dans les cellules qui n'ont pas été préparées de la sorte. On note encore que les jeunes ouvrières se tiennent sur les alvéoles qui contiennent du couvain, pour les préserver d'un refroidissement, et qu'elles passent en outre beaucoup de temps à ne rien faire, en ce sens qu'elles restent tranquillement posées sur les rayons ou qu'elles déambulent nonchalamment sur ces derniers. Nous verrons plus loin que cette oisiveté a, elle aussi, son rôle à jouer dans la prospérité de la colonie.

Après quelques jours, nous voyons une glande, située dans la tête de l'abeille, subir un développement considérable, grâce à quoi l'ouvrière devient mûre pour la fonction principale de la première période de sa vie, c'est-à-dire l'activité qu'elle déploie en tant que «nourrice du couvain». De même qu'un enfant nouveau-né ne supporte pas encore de nourriture lourde et qu'il tire du lait maternel, aisément digestible, tous les aliments qui lui sont nécessaires, les larves d'abeilles, pendant les premiers jours de leur vie, reçoivent des ouvrières qui sont chargées de les élever une sorte de lait maternel, un «suc nutritif» riche en protéines, produit par les glandes céphaliques dont nous parlions plus haut, et déposé pour les jeunes larves au fond de leurs alvéoles. Il s'agit en réalité de glandes salivaires qui, pour servir la communauté, se sont transformées en glandes nourricières. Leurs protéines proviennent des provisions de pollen de la ruche, que les «nourrices» absorbent et digèrent en grande quantité pour produire leur «lait maternel». Les larves plus âgées, qui ont atteint une taille suffisante, supportent déjà un régime plus grossier et sont nourries, par les mêmes ouvrières, à l'aide de pollen et de miel.

Les soins à donner aux jeunes ne constituent certes pas une petite affaire! Pour élever une seule larve, l'alvéole qui la contient est l'objet de 2 000 à 3 000 visites de la part des ouvrières auxquelles est dévolue cette mission. Si l'on additionne les temps qu'une de ces abeilles consacre à cette tâche, on voit que la durée de ses activités en tant que «nourrice du couvain» suffit tout juste à faire se développer complètement deux à trois larves.

Vers la fin de cette période de sa vie, on peut voir l'abeille quitter la ruche pour la première fois et faire prudemment de courtes sorties dans ses environs immédiats, gravant dans sa mémoire la situation de la ruche et de ce qui l'entoure. Ces vols d'orientation s'étendent peu à peu et font progressivement connaître à l'abeille un monde de plus en plus vaste, la rendant à même d'assumer les fonctions qui n'ont plus exclusivement la ruche comme cadre.

Pendant la *seconde période* de la vie des abeilles (du dixième au vingtième jour environ), nous assistons à la régression des glandes salivaires et donc à la fin du rôle de «nourrice». Ce sont maintenant les glandes cirières qui parviennent au point culminant de leur développement. Ces glandes sont à la base de toute l'activité constructrice des ouvrières. D'autres fonctions incombent encore à celles-ci, à cet âge : décharger le nectar des pourvoyeuses qui rentrent à la ruche, le travailler et l'emmagasiner dans les alvéoles réservés à cet effet; ou bien encore tasser au moyen de la tête et des mandibules les pelotes qu'y ont déposées leurs sœurs revenant de tournée. Il faut aussi que la ruche soit maintenue dans un constant état de propreté, travail qui conduit les ouvrières au-dehors. En effet, elles empilent des déchets de toute espèce, de même que les cadavres de leurs camarades mortes, emportent en s'envolant quelques-uns de ces détritus, et les laissent tomber après avoir parcouru une certaine distance.

Bien des gens qui, en toute innocence, s'étaient approchés un peu trop d'une ruche, ont brusquement eu à subir plusieurs piqûres. Ils ne savent cependant pas que ce sont des abeilles d'un âge bien déterminé et strictement délimité qui les ont attaqués, accomplissant leur devoir selon des lois traditionnelles et non écrites! A la fin de la seconde période de leur vie, et pour autant que la nécessité s'en fasse sentir, ces abeilles s'installent comme gardes devant le trou de vol. A l'aide de leurs antennes, elles examinent soigneusement les abeilles qui entrent dans la ruche, repoussent les guêpes audacieuses et autres voleurs de miel éventuels, et se précipitent à une vitesse foudroyante sur les hommes, chevaux ou autres monstres du même genre qui se hasarderaient trop près de leur colonie.

Au cours de la troisième période de sa vie (du vingtième jour environ jusqu'à sa mort), l'abeille est pourvoyeuse. Elle prend son envol afin de trouver une «charge», elle visite les fleurs pour y récolter du nectar ou du pollen. Lorsque le temps est mauvais et interdit les sorties, c'est contre leur gré et uniquement de façon accessoire que les pourvoyeuses se consacrent de nouveau à des activités domestiques. Elles préfèrent attendre des temps meilleurs. Le «zèle des abeilles» est devenu proverbial parce qu'on ne voit d'habitude que les abeilles qui butinent. Celui qui observe la vie qui se déroule à l'intérieur de la ruche s'apercevra bientôt de tout le temps que les ouvrières y passent à ne rien faire.

Karl von Frisch,
Vie et mœurs des abeilles,
Albin Michel, 1977

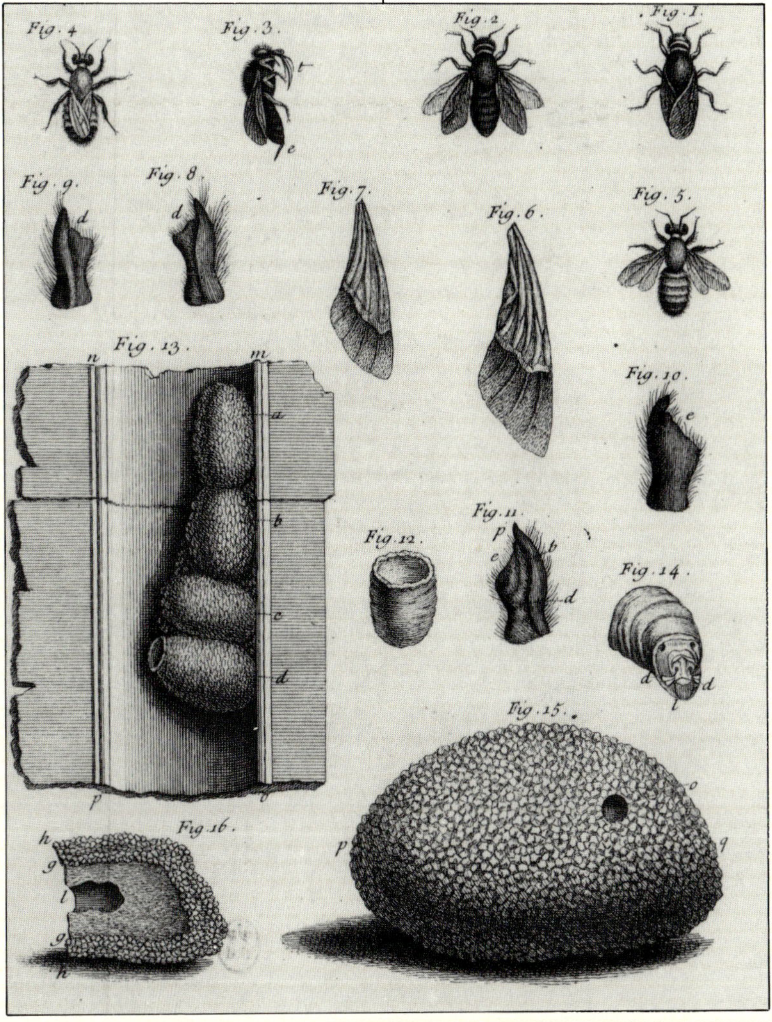

L'automate qui fait danser les abeilles

Piloté par micro-ordinateur, un robot qui reproduit la danse des abeilles dirige les ouvrières vers les sources alimentaires choisies par l'expérimentateur.

C'est à Karl von Frisch que l'on doit de connaître l'une des formes de communication les plus élaborées de tout le règne animal : la danse des abeilles. Le chercheur autrichien a observé que les abeilles renseignent leurs sœurs sur les sources alimentaires situées dans les environs de la ruche en transmettant, à l'aide d'une danse, un signal de nature abstraite qui symbolise le trajet conduisant à la nourriture. Les ouvrières décodent le signal en suivant les déplacements de la danseuse, quittent la ruche et gagnent la source alimentaire.

L'explication de ce mode de communication, qui valut en 1973 le prix Nobel de médecine et de physiologie à von Frisch, est aujourd'hui bien admise. Mais à l'époque de sa présentation, ce travail reçut un accueil très réservé de la part de la communauté scientifique. Vers la fin des années soixante, l'Américain Adrian Wenner, principal détracteur de von Frisch, sans nier l'existence des danses, doutait de leur fonction. A l'issue d'expérimentations relativisant les observations du chercheur autrichien, il affirmait que les abeilles étaient uniquement guidées par l'odorat.

C'est afin de répondre de façon convaincante à ces critiques que, pour la première fois, von Frisch et ses collaborateurs tentèrent, puisqu'ils pensaient détenir la clé du «langage» des abeilles, de leur «parler» par l'intermédiaire d'un artefact mimant la danse frétillante. Ils ne purent mener à bien ce projet, aucun des artefacts testés n'induisant d'autre conséquence qu'une excitation élevée des ouvrières.

C'est à la suite des travaux d'Axel Michelsen, spécialiste de la communication acoustique animale à l'université d'Odense au Danemark, qu'un nouveau projet de robot danseur a pris corps. Michelsen s'est intéressé aux émissions sonores produites par les ailes des danseuses lors du trajet frétillant. En 1987, en collaboration avec Wolfgang Kirchner de l'université de Würzburg en RFA, il montre que les abeilles suiveuses gardent constamment le contact sonore avec la danseuse, les récepteurs étant situés sur les antennes.

Pour valider leur hypothèse, Michelsen et Kirchner décident alors de construire avec la collaboration de Bent Andersen, ingénieur électronicien d'Odense, et de Martin Lindauer de Würzburg, spécialiste mondial du comportement des abeilles, un artefact tenant compte de ces nouvelles données. C'est ainsi que, pour la première fois, des chercheurs sont parvenus à communiquer avec les abeilles.

L'artefact utilisé, de taille légèrement plus grande qu'une abeille moyenne, est recouvert d'une fine couche de cire provenant de la ruche; malgré sa ressemblance très approximative avec une abeille, il est dès lors accepté comme congénère. Andersen utilise une «aile» unique formée d'un morceau de lame de rasoir; reliée par un fil à un électro-aimant, celle-ci peut vibrer dorso-ventralement.

A tout moment, des mesures précises permettent de contrôler que le champ acoustique généré reproduit celui des danseuses naturelles. Une tige très fine, fixée sur la partie dorsale de l'«abeille», est reliée à un moteur qui fait tourner l'artefact et reproduit les positions du corps lors de la danse en 8 et des frétillements. De plus, un très fin tube plastique aboutissant au niveau de la «tête» de l'artefact permet de délivrer de l'eau sucrée et simule les régurgitations. L'ensemble est entraîné par un dispositif supplémentaire dans un mouvement en forme de 8. Ces différents mécanismes sont pilotés par un micro-ordinateur programmé pour décrire une localisation vers laquelle le robot doit diriger les abeilles. Le logiciel intègre les mouvements du soleil dont la position est corrigée toutes les dix minutes.

Les expériences réalisées en août 1988 près de Würzburg sont concluantes. Les sources alimentaires, dont la localisation correspond aux indications fournies par l'expérimentateur via l'ordinateur et l'artefact, sont effectivement visitées par les abeilles. Néanmoins, le robot demeure moins efficace qu'une recruteuse naturelle. Si les émissions sonores sont interrompues, il n'y a plus de recrutement.

Ces premiers résultats ouvrent des perspectives expérimentales intéressantes : par exemple, qu'adviendra-t-il si l'on programme le robot pour un trajet frétillant en dehors du contexte de la danse en 8? Comment des abeilles réagiront-elles si les frétillements et les vibrations alaires sont désynchronisés? Les réponses à de telles interrogations permettront d'affiner nos connaissances sur la transmission et le traitement de l'information chez les abeilles.

En 1927, le biologiste J.B.S. Haldane écrivait dans un livre intitulé *Le Futur de la biologie* : «Nous pourrons dire à nos abeilles d'aller fertiliser ces pommiers situés à cinq minutes de vol au sud-est [...] il n'y a aucune raison de considérer que cela est impossible.»

Si elle n'ouvre aucune perspective économique véritablement réaliste, la vision d'Haldane pourrait être désormais accomplie.

Bruno Corbara
«L'Automate qui fait danser les abeilles», *Le Monde*,
4 Avril 1990

L'abeille africanisée

Parties du Brésil en 1957, les abeilles africanisées, descendantes de vingt-six reines échappées d'un élevage, sont sur le point de coloniser les Etats-Unis. Gérard Arnold, spécialiste des abeilles au C.N.R.S., nous parle de cette invasion.

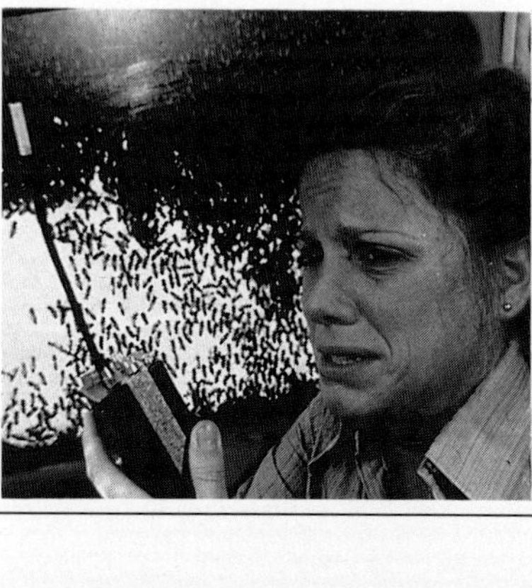

«L'abeille tueuse» au cinéma

Terriblement agressive, cette abeille «importée» d'Afrique a colonisé tout le continent sud-américain. Partout où elle s'installe, fini la tranquillité. Elle attaque hommes et animaux au moindre dérangement. Comme à Robora, en Bolivie, il y a une dizaine d'années, lorsqu'un essaim s'est jeté sur un convoi funèbre. Bilan : deux morts et le reste du cortège à l'hôpital. Mais cette abeille s'en prend aussi à ses congénères. Elle envahit les paisibles ruches domestiques des apiculteurs, ruinant la production de miel et anéantissant tout un secteur économique. Dès 1972, l'Académie des sciences américaine s'en est inquiétée. Les experts estimaient que l'entrée de cette abeille dans le pays était inévitable, qu'elle présenterait un danger pour le public et serait catastrophique pour l'apiculture commerciale et l'industrie de la pollinisation. Et l'actualité est en train de leur donner raison.

Pour l'heure, nul ne sait exactement d'où viendra le danger. A partir du Mexique, plusieurs points d'entrée aux Etats-Unis sont possibles, en particulier au Texas (région de Brownsville), puis en Arizona, au Nouveau-Mexique et en Californie. Un ou deux incidents limités ont déjà été signalés dans le passé, dont l'un au cours de l'été 1985, au nord de Los Angeles. Ce n'était pas encore le front de migration de cette abeille, mais un cas isolé lié au trafic commercial. Une «force spéciale» a été rapidement mise en place, et une région de 1 200 kilomètres carrés a été placée en quarantaine. Toutes les ruches ont été examinées. La plupart des essaims sauvages situés dans un rayon de 80 kilomètres ont été tués et analysés : sur plus de 16 000 colonies, 6 seulement étaient des essaims d'abeilles africaines.

Mais un tel contrôle massif, efficace dans ces circonstances particulières, sera impossible quand le front de migration de centaines ou de milliers d'essaims arrivera aux Etats-Unis. Ces abeilles devraient particulièrement bien se multiplier dans le sud du Texas, dans les environs de La Nouvelle-Orléans, en Floride et en Géorgie, en raison des conditions climatiques, des disponibilités en nectar et en pollen et des sites de nidification.

Les apprentis sorciers

Avant d'aborder les Etats-Unis, ces envahisseurs ailés auront accompli un long périple. Il débute en 1956, lorsque des Brésiliens décident d'importer dans leur pays 47 reines d'une race africaine (*Apis mellifica scutellata*). Leur idée est de développer une race d'abeilles plus productives dans les conditions tropicales. Jusque-là, les abeilles présentes sur tout le continent américain appartiennent à diverses races européennes, introduites par les colons européens après la découverte de l'Amérique. Ce sont d'abord, au XVIIe siècle, des abeilles en provenance d'Europe du Nord, puis, à partir de 1855, des abeilles de race italienne, plus douces, qui deviennent les plus nombreuses. En Amérique, comme partout dans le monde, des abeilles élevées en ruche par des apiculteurs coexistent avec des essaims sauvages.

Mais les apiculteurs brésiliens, en jouant aux apprentis sorciers, ont probablement sous-estimé l'agressivité de certaines races d'abeilles africaines, qui sont par ailleurs plus difficiles à élever. Un an plus tard, alors que les essais d'acclimatation ne sont pas terminés, 26 reines s'échappent accidentellement. Ces abeilles et leurs descendantes vont alors coloniser le Brésil, puis l'Amérique du Sud et l'Amérique centrale, progressant chaque année de 300 à 500 kilomètres. En 1966, elles sont en Uruguay; en 1974, c'est la Guyane qui est touchée. Le Venezuela est envahi en 1976, puis la Colombie, trois ans plus tard. L'Amérique centrale est conquise pendant les années quatre-vingt : d'abord le Panama en 1981, puis le Costa-Rica en 1983, le Guatemala en 1986 et enfin le Mexique en 1987.

Des abeilles particulièrement agressives

En général, quand les abeilles africanisées arrivent dans un nouveau pays, cela se passe plutôt mal pour le public et les apiculteurs car elles piquent fréquemment, et ces piqûres entraînent parfois la mort. L'activité apicole est également très touchée. Beaucoup d'apiculteurs amateurs, mais aussi professionnels, abandonnent l'apiculture. Ainsi, au Venezuela, il y avait 30 000 à 40 000 colonies d'abeilles européennes en 1976. Depuis l'arrivée des abeilles africaines, le nombre de colonies exploitées a énormément chuté, et la production de miel a été divisée par six, mais il y a maintenant entre un et deux millions de colonies sauvages africaines.

[...] C'est leur agressivité qui a rendu ces abeilles tristement célèbres. Ce n'est pas que leur venin soit plus dangereux que celui des abeilles européennes, mais elles attaquent beaucoup plus facilement. Par exemple, un léger choc sur leur ruche suffit à les rendre furieuses. Et lorsqu'elles sont dérangées, elles réagissent trois fois plus rapidement que les abeilles européennes et piquent jusqu'à dix fois plus, tout en poursuivant l'intrus beaucoup plus loin (jusqu'à 1 km). En fait, plus la température est élevée, plus elles sont agressives. Quand les abeilles d'une ou plusieurs colonies (ou même tout un rucher) sont excitées, elles peuvent attaquer tout ce qui bouge à plus de cent mètres à la ronde, et elles ne se calment pas avant au moins trente minutes, alors qu'il suffit de trois minutes environ pour les abeilles européennes. Elles peuvent même rester agressives pendant plusieurs jours.

Sauront-elles résister au froid?

[...] La question qui inquiète désormais les spécialistes américains est de savoir jusqu'où iront les abeilles africanisées dans leur remontée vers le Nord. L'une des différences les plus importantes entre les deux races, et qui pourra peut-être sauver l'apiculture américaine, est la résistance au froid. C'est actuellement l'un des points clefs du débat entre les chercheurs américains. Ainsi les chercheurs «pessimistes» pensent que la température pourrait ne pas être un facteur limitant. Selon eux, les abeilles présentes en Afrique du Sud et en Argentine supporteraient des conditions hivernales sévères, en particulier dans des régions de montagne. Elles pourraient donc survivre et se reproduire quand les températures sont favorables, c'est-à-dire du printemps à l'automne. En hiver, les petits essaims pourraient survivre en envahissant les colonies européennes qui régulent mieux la température, et servir de source de reines et de mâles au printemps suivant. Le trafic commercial, plus encore que l'essaimage, pourrait même accélérer la dispersion.

Quant aux chercheurs «optimistes», ils ne pensent pas que les abeilles puissent bien tolérer les basses températures. En effet, chez les abeilles, les capacités d'hiberner dépendent de plusieurs facteurs : de la sélection de l'abri et de la construction du nid, du métabolisme des individus, de l'efficacité de la conservation de la chaleur par la colonie, des récoltes, etc. Par ailleurs, lors de leur entrée au Texas, elles vont rencontrer un grand nombre de colonies européennes, ce qui pourrait freiner leur progression, et en tout cas augmenter les phénomènes d'hybridation. Dans ce cas, seuls certains Etats du Sud seraient envahis par les abeilles africanisées. Ils seraient séparés des Etats du Nord qui en seraient dépourvus par une zone mixte de 300 à 500 km où cohabiteraient les deux races.

Reste la lutte contre l'invasion. Les deux principaux moyens consistent d'une part à détruire les essaims sauvages quand c'est possible, et d'autre part à remplacer chaque année les reines d'origine douteuse présentes dans les colonies par des reines européennes élevées spécialement par des producteurs. Mais jusqu'à présent, aucun gouvernement d'Amérique du Sud ou d'Amérique centrale n'a réussi à mener une politique d'élimination des essaims sauvages. L'aventure dc l'abeille africanisée est loin d'être terminée.

«Les Abeilles tueuses à l'assaut des Etats-Unis»,
Gérard Arnold,
Sciences et Avenir, mai 1990

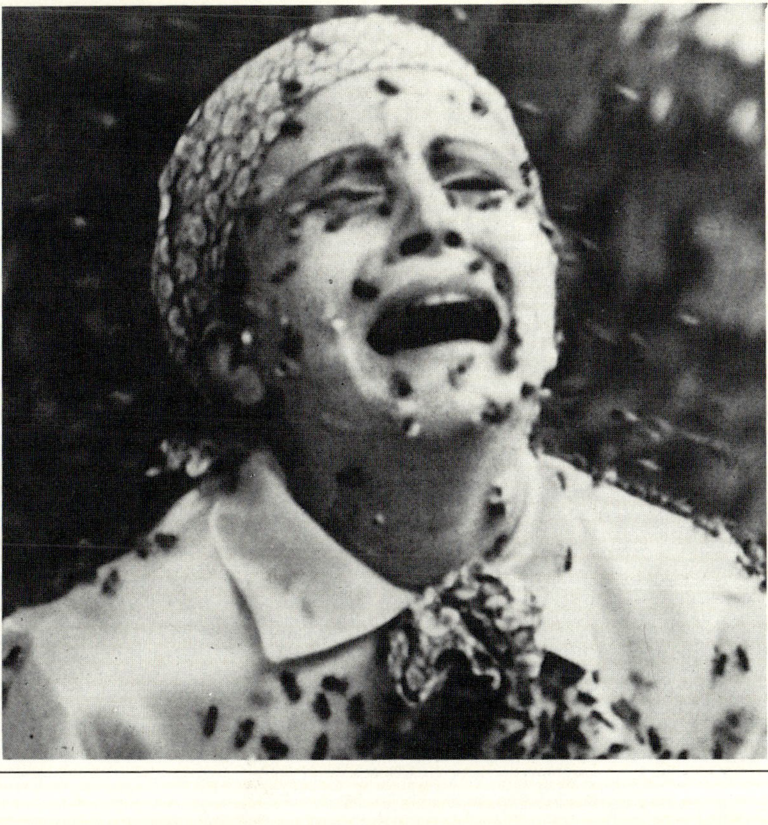

La ruche comme modèle de système politique

De tout temps l'organisation de la ruche a suscité la curiosité des hommes, qui n'ont pas manqué d'y voir la réalisation d'un système politique idéal ou abhorré. On y a trouvé des correspondances avec tous les grands modèles politiques. Comme l'écrivait Bertrand Mandeville en 1714 dans sa Fable des abeilles, *satire de la société de son époque : «Les abeilles ont été pour nous ce que sont les nuages; chacun y a vu ce qu'il a désiré d'y voir.»*

La ruche vue comme royauté

C'est la nature qui inventa la royauté : on peut s'en convaincre en observant les autres animaux, en particulier les abeilles, dont le roi occupe la demeure la plus spacieuse, la plus centrale et la plus sûre. En outre, exempt lui-même de toute charge, il fait rendre compte aux autres de leur travail; à sa mort, tout l'essaim se disperse. Jamais les abeilles n'en souffrent plus d'un et elles cherchent le plus vaillant aux combats. Du reste, ce roi se fait remarquer par sa fortune et il diffère des autres en grandeur et en éclat. Voici surtout ce qui le distingue : les abeilles sont très irascibles et, eu égard à leur petitesse, très ardentes aux combats. Toujours elles laissent leur aiguillon dans la plaie; le roi, au contraire, est sans aiguillon. La nature n'a pas voulu qu'il fût cruel, ni qu'il exerçât une vengeance qui eût coûté trop cher. Elle lui a donc refusé un dard et laissé sa colère désarmée.

Sénèque,
De la clémence, I, 19

La douceur du miel et la force de l'aiguillon [...] veulent dire qu'un roi doit montrer dans sa conduite la bonté tout à la fois et la fermeté.

Ammien-Marcellin,
Rerum gestarum libri,
XVII, 4, II

Les gens expérimentés assurent que les abeilles, en présence de leurs rois, rentrent leur aiguillon, comme on abaissait les faisceaux des licteurs par respect de la puissance et du pouvoir.

Elien,
De natura animalibus, I, 60

Ni l'Egypte, ni la vaste Lydie, ni les peuples des Parthes, ni les Mèdes de l'Hydaspe n'ont pour leurs rois plus de vénération. Le roi vit : un seul esprit anime la ruche entière. Est-il mort? Tout pacte est rompu : les magasins sont pillés, les rayons mis en pièce. Le roi veille sur les travaux : les abeilles le révèrent; elles bourdonnent autour de lui, lui font une cour nombreuse, le portent sur leurs ailes, lui font à la guerre un rempart de leurs corps et cherchent, pour le défendre, les blessures et une mort glorieuse.

Virgile,
Géorgiques, IV

Il est tout simple que les abeilles obéissent à leurs rois, d'abord parce que c'est d'eux qu'elles tiennent leur naissance : car sans cette soumission, les faits qui constituent l'hégémonie des rois seraient sans raison : et il n'est pas moins simple encore que les abeilles tolèrent que, comme parents, les rois ne fassent rien.

Aristote,
De la génération, III, 9, 16

Quelques auteurs indiquent trois espèces de rois, noire, rouge et mélangée : les rois de cette dernière sont les meilleurs. L'éleveur d'abeilles doit donc, lorsqu'il y a ces deux rois dans la ruche, tuer le noir, car la présence de ces deux rois engendre la sédition, fait périr la ruche…

Varron,
De re rustica, III

Qui peut se comparer à l'économie d'une habitation d'abeilles? Une femelle roi se trouve aimée de plusieurs rois sur lesquels elle exerce le double pouvoir de la tyrannie et de l'amour. N'est-elle pas la première du sexe féminin, cette sultane à laquelle la Nature (Linné disait le «Créateur très grand et très bon») force de nombreux époux d'obéir en esclaves.

Jacques-Louis Moreau
(dit de La Sarthe),
Magasin Encyclopédique, tome 4, 1798

Les soins touchants de ces petits animaux pour cette mère unique et chérie, leur sollicitude pour sa conservation, leur désolation quand ils viennent à en être privés, cet instinct si admirable qui veille dans tous les êtres organisés pour la conservation de leur espèce, cette loi universelle d'amour, ils ont appelé tout cela, hommage, respect, subordination!

Georges Toscan,
«Nouvelles observations sur les abeilles»,
La Décade philosophique, I, 3, 1794

Avec la Révolution française, apparaît le modèle républicain de la ruche

L'esprit patriotique et républicain des abeilles est si étonnant, les vues qui

les animent paroissent si réfléchies, elles sont en même temps si peu sujettes à varier, que nous pouvons assurer que la philosophie retireroit de grandes lumières de l'approfondissement de ce sujet. Les ouvrières, privées de sexe, qui chérissent tant celles qui seules propagent l'espèce, tuent elles-mêmes les femelles quand leur nombre augmente et pourroit causer quelque préjudice à la ruche, soit en multipliant trop les émigrations, soit en causant divers désordres par la jalousie.

Guillaume Antoine Olivier,
Encyclopédie méthodique, tome 4, 1789

Il n'y a de bon gouvernement que là où tout est soumis aux lois, depuis le plus grand jusqu'au plus petit, depuis le sceptre jusqu'à la houlette. Ce sont les lois que j'ai voulu chanter avec l'air de chanter les abeilles.

Michel Dorat-Cubières,
Les Abeilles ou l'heureux gouvernement,
Paris 1793

La ruche comme système socialiste ou communiste

Nulle part ailleurs, à l'heure actuelle, le collectivisme humain n'est assez bien organisé pour qu'on puisse en faire l'étude, mais il n'est pas besoin d'aller bien loin pour trouver la réalisation parfaite d'une organisation collective : il suffit pour cela d'examiner une ruche d'abeilles. [...] Une ruche nous offre donc un exemple parfait de la constitution égalitaire du communisme d'Etat. Ni amour, ni dévouement, ni pitié, ni charité, tout est immolé à la société et à sa conservation par un travail incessant. Pas de gouvernement, pas de chefs, une discipline sans subordination. C'est l'idéal du collectivisme réalisé […].

Lorsque les abeilles ont besoin de beaucoup d'eau pour les petits […] on met de l'eau près de l'endroit où elles vont récolter du nectar. […] Les abeilles continuent à visiter les fleurs mellifères sans aller pomper de l'eau; elles ne sont pas commandées pour cela. Il faudra, pour que la récolte soit modifiée, que les ouvrières à l'état de «chercheuses» aient découvert cette eau, qu'on en ait délibéré en haut lieu, et qu'enfin les ordres soient changés […].

[…] Cette observation imaginée est comparable à ce que nous remarquons en plaçant du sirop ou du miel à la portée d'abeilles ou de fourmis […], les abeilles ne prendront pas de miel si elles ne sont pas commandées tout exprès pour cela; les fourmis, au contraire, prendront du miel lorsqu'elles le trouveront sur leur passage : c'est que les abeilles sont collectivistes, tandis que les fourmis sont républicaines.

Les automobiles et les ballons dirigeables nous amèneront peut-être un jour à l'association universelle des hommes. Mais s'il faut, pour conserver l'humanité sur la terre, faire comme les abeilles le sacrifice de toute individualité, de toute joie et de toute vertu, cela donnera peut-être aux hommes l'envie d'aller essaimer sur une autre planète.

Gaston Bonnier,
«Le Socialisme chez les abeilles»,
L'Apiculteur, 1908

On n'observe nulle part ailleurs que chez les insectes le communisme total, le communisme parfait, que tout autre dénomination ne saurait exactement convenir aux sociétés d'insectes qui le pratiquent, et que la même dénomination ne peut exactement s'appliquer à aucun autre groupement social d'individus.

E.-L. Bouvier,
Le Communisme chez les insectes,
Flammarion, Paris, 1926, p. 5

La ruche comme modèle de société totalitaire : le cathéchisme des dictateurs

J'aperçus le jeune biologiste, dans la salle d'une illustre société savante qui, ce jour-là, tenait séance. Il portait une petite boîte qu'il me dit être une ruche. «Grande nouvelle! s'exclama-t-il. Cette ruche, que j'ai préparée de manière particulière, ne contient pas moins de vingt-cinq reines. Elles ne se tuent pas mutuellement, ce qui serait pourtant leur règle fraternelle. Et les ouvrières les tolèrent toutes ensemble, ce qui ne s'est jamais vu. En somme, une révolution!»

Le jeune biologiste me quitta sur ces mots et je m'en fus, seul avec mes pensées. Le monde, soudain, m'apparaissait dans une lumière toute nouvelle. Nous allions donc assister à la transformation complète d'une des plus vieilles sociétés formées par les êtres vivants. Nos sœurs extraordinaires, les abeilles, passaient ainsi, soudainement, de la monarchie à l'oligarchie. Peut-être les verrait-on tâter de la démocratie. C'était, en effet, au regard de l'observateur, une révolution plus considérable que toutes nos révolutions humaines, car elle mettait fin, apparemment, à un régime politique aussi ancien que l'espèce, elle renversait les lois de la chair et de l'instinct. Nous étions les témoins émerveillés d'une mutation non point anatomique ou fonctionnelle mais, plus justement, sociale.

Ainsi rêvais-je avec persévérance quand je pus lire à tête reposée le texte dans lequel le jeune biologiste expose son travail. Et je sentis, ce lisant, que le vieux monde de la vie n'était pas ébranlé jusque dans ses assises. Ce que le biologiste a fait, ce n'est pas une révolution, c'est seulement une expérience. C'est par d'habiles artifices étudiés avec soin qu'il a déterminé les reines à ne pas s'assassiner et le peuple laborieux à tolérer cette anomalie.

Et la ruche oligarchique restera donc, dans l'histoire, la monstruosité d'une heure. Elle n'aura point de lendemain. Tout rentrera dans l'ordre millénaire. Les abeilles nouveau-nées seront semblables aux abeilles de toujours; les ouvrières travailleront, les mâles rempliront leur office et, l'ayant rempli, mourront; la première reine d'une couvée s'assurera le pouvoir en assassinant ses sœurs. Et les siècles passeront.

C'est l'étrange grandeur de l'homme d'entreprendre constamment contre la nature de l'être.

Que les dictateurs à venir prennent toutefois, pour leur enseignement, le temps d'observer les abeilles. Je n'ai jamais vu deux abeilles se quereller ou se battre pour pénétrer dans une fleur. Je n'ai jamais vu flâner une seule de ces ouvrières modèles. Existe-t-il une abeille pour songer à son plaisir, pour se considérer comme un individu, pour dérober un acte au vœu profond de la communauté?

Voilà donc le grand modèle, ô présents et futurs chefs de peuples. Veuillez noter en outre que, pour plus de sécurité dans le bon gouvernement, il convient d'assassiner tous les autres prétendants, de vivre au fond d'un palais et d'en sortir le moins possible, de régner sur un peuple d'êtres à peu près asexués et d'engendrer soi-même tous les citoyens de ce peuple. Programme rigoureux, mais simple, et fortement éprouvé.

Georges Duhamel,
Le Bestiaire et l'Herbier, XIX,
Mercure de France, Paris, 1948

Api-logie du fascisme

Etrange société, le royaume des abeilles : Humanité en es-tu si éloignée que cela? Engendrée par les caprices de l'Evolution, la colonie des abeilles réalise-t-elle ce «Brave New World» qui nous menace? Hitlers et Pinochets de toutes espèces, grands-prêtres du profit, inconditionnels du nucléaire policier, je devine une lueur d'intérêt dans votre regard fourbe. Rêve pour vous, cauchemar pour la multitude : l'Homme ravalé au rang d'insecte docile et rampant. «Croissez et multipliez» : reine hyperpondeuse – politique nataliste suicidaire, ouvrières frénétiques – OS abrutis, abeilles soldats – «engagez-vous dans la légion» : similitudes troublantes ou modèle pour l'enfer?

Prisonnière de son patrimoine génétique, l'Abeille a une vie réglée jusque dans ses moindres détails pour (sic, sans doute erreur de frappe, lire : «par») l'acquisition d'outils de production. L'Homme n'a pas hérité de ces outils mais d'un cerveau; rendez inutile ce générateur de pensée et de désordre et donnez à l'Homme l'outil qui le dominera. Dirigeants et despotes, sachez exploiter les avantages et les carences de l'*Homo sapiens*. Donnez les outils et détruisez les consciences :

l'*Homo apïoides* est né. Rêvez maintenant d'une ruche à l'échelle mondiale où des milliards d'esclaves n'existeraient que pour vous engraisser. Détruisez ces faux-bourdons adeptes de Lafargue et puis… faites nous tous crever dans l'Apocalypse finale : quand l'essaimage devient impossible, la ruche est condamnée…

Anonyme, signé B.D.,
courrier du mensuel écologiste
Don Quichotte,
n° 4, Juillet/Août 1978

Et enfin l'abeille anarchiste…

On peut les dire anarchiques parce qu'elles sont dépourvues de chefs, mais cette anarchie résulte d'une obéissance automatique à l'instinct du bien social et détermine, par là même, une coordination parfaite de toutes les activités individuelles.

E.-L. Bouvier,
Le Communisme chez les insectes,
Flammarion, Paris, 1926

BIBLIOGRAPHIE

Aristote, *Histoire des animaux*, Les Belles Lettres, coll. «Médiations», 2 tomes, 1964-1969.
Arnold G. et Le Conte Y., «Abeilles en péril? La lutte s'organise», *La Recherche,* Avril 1989, n°209, pp. 546-548.
Bonnier G., *Plantes médicinales, plantes mellifères, plantes utiles et nuisibles*, Belin, rééd. 1986.
Bonnier G. et De Layens G., *Cours complet d'apiculture*, Belin, rééd. 1987.
Chauvin R. (sous la direction de), *Traité de biologie de l'abeille*, 5 tomes, Masson, 1968.
Chauvin R., «Le prix Nobel de médecine donne enfin à l'éthologie ses titres de noblesse», *Science et Avenir,* n°321, 1973, pp. 1011-1012.
Chauvin R., *Les Abeilles et moi*, Hachette, 1976.
Colin M. et Faucon J.-P., «L'abeille est-elle menacée de disparaître?», *La Recherche,* Janvier 1984, n°151, pp.110-112.
Corbara B., *Les Sociétés d'insectes*, Hachette, coll. «Echos», 199O.
Crane E., *The Archaeology of Beekeeping*, Duckworth, 1983.
Darchen B. et Darchen R., *La Vie des abeilles*, Nathan, coll. «Monde en Poche», 1985.
Fraser H.M., *Beekeeping in Antiquity,* University of London Press, 2e ed., 1951.
Free J.B., *L'Organisation sociale des abeilles*, Vuibert, 1979.
La Hulotte, numéro spécial «Mouches à miel» (n°28-29, 1975), Boult-aux-Bois 08240 Buzancy.
Levi-Strauss C., *Les Mythologiques, tome 2 : Du miel aux cendres*, Plon, 1966.
Lhoste J., *Les Entomologistes français*, 1750-1950, INRA-OPIE, 1987.
Louveaux J., «Von Frisch et le langage des abeilles», *Science et Avenir,* n°322, 1973, pp. 1154-1161.
Maeterlinck M., *La Vie des abeilles*, Fasquelle et Grasset, 1901, rééd. 1969.
Marchenay P., *L'homme et l'Abeille*, Berger-Levrault, coll. «Espace des hommes», 1979.
Siganos A., *Les Mythologies de l'insecte. Histoire d'une fascination*, Librairie des méridiens, 1985.
Six A, et Six J., *La Vie privée des abeilles*, Chêne, 1982.
Torlais J., *Un esprit encyclopédique en dehors de l'Encyclopédie, Réaumur*, Librairie scientifique et technique Albert Blanchard, 1961.
Triomphe R., *Le lion, la vierge et le miel*, Les Belles Lettres, coll. «Vérité des mythes», 1989.
Von Frisch K., *Le Professeur des abeilles* (autobiographie), Belin, coll. «Un savant, une époque», 1987.
Von Frisch K., *Vie et moeurs des abeilles*, Albin Michel, 1977.

GLOSSAIRE

Apiculture - art d'élever et de soigner les abeilles pour recueillir leur miel et leur cire.
Apis cerana - abeille que l'on rencontre en Inde et en Asie du Sud-Est.
Apis dorsata - abeille géante que l'on rencontre en Inde et en Asie du Sud-Est.
Apis florea - abeille naine que l'on rencontre en Inde et en Asie du Sud-Est.
Apis mellifera carnica - abeille carniolienne répandue dans les Alpes et en Europe de l'Est.
Apis mellifera - abeille noire que l'on trouve en France, en Allemagne, en Grande-Bretagne et en Espagne.
Apis mellifera lingustica - abeille jaune présente en Italie.
Apoïda - dans l'ordre des Hyménoptères, l'abeille appartient à la super-famille des Apoïda qui regroupe 20 000 espèces se nourrissant toutes de nectar et de pollen.
Bac à cire - bac destiné à recevoir la cire en fusion. Fait de zinc ou de fer étamé, il était placé sur un réchaud à bois.
Cirier - le cirier est l'artisan qui récolte la cire et lui fait subir une série de transformations suivant sa destination finale.
Couvain - amas d'œufs d'abeilles. Désigne aussi les rayons qui contiennent les œufs et les larves.
Cueille-essaim - sac en toile monté sur une articulation métallique, munie d'un long manche, qui sert à la capture des essaims. Sitôt l'essaim emprisonné, on referme le sac en faisant coulisser un lacet depuis le sol.
Egouttage des gâteaux - dans un premier temps, la récolte du miel s'effectue par égouttage des gâteaux : dès que la couche de cire qui bouche les alvéoles a été retirée (désoperculation), le miel s'écoule du «gâteau de cire».
Gâteau de cire - constitué de cellules

hexagonales légèrement inclinées vers l'intérieur et s'emboîtant parfaitement les unes dans les autres

Hausse - ce dispositif est posé sur le dessus de la ruche. La hausse contient des cadres destinés à recevoir de nouveaux rayons remplis de miel, elle sera ensuite récoltée sans toucher au couvain qui reste dans le corps principal de la ruche.

Hydromel - boisson obtenue à partir de la fermentation du miel.

Hyménoptères - les abeilles appartiennent à l'ordre des hyménoptères, ordre de la classe des insectes qui ont quatre ailes membraneuses et nues. Cet ordre englobe tous les insectes sociaux, à l'exception des termites.

Insecte mellifère - insecte qui produit du miel.

Insectologiste - synonyme d'entomologiste, qui se consacre à l'étude des insectes.

Miel vierge - miel de première qualité obtenu par simple égouttage des gâteaux, .

Miellat - exsudation sucrée qui couvre les plantes en été.

Miellée - constituée du nectar butiné que viennent de rapporter les abeilles. Peut aussi désigner, comme le miellat, l'exsudation sucrée des plantes en été.

Miel sauvage - premier miel récolté en Egypte antique. De nos jours, les Gurungs, qui vivent sur les contreforts de l'Himalaya, récoltent les gâteaux de miel sauvage.

Mouche à miel - synonyme d'abeille dans le langage courant.

Nourrisseur couvre-cadres - pour permettre aux abeilles de passer l'hiver ou provoquer une miellée précoce, on dispose à l'intérieur de la ruche un récipient contenant du sirop de sucre ou des protéines.

Opercule - après avoir rempli les rayons de miel, les abeilles les recouvrent d'opercules, petits couvercles de cire.

Parthénogénèse - phénomène par lequel dans une espèce sexuée la repoduction a lieu sans fécondation.

Phéronome - substances chimiques émises par un individu et capables de transmettre des informations à d'autres individus de la même population.

Poudre d'abeille - longtemps utilisée pour soigner brûlures et piqûres, elle existe de nos jours en préparation homéopathique sous le nom *Apis mellifica.*

Presse à rayons - presse permettant l'extraction du second miel.

Rayons - chaque gâteau de cire dont les alvéoles ou cellules sont remplies de miel ou de couvain.

Ruche à cadres mobiles - ruche constituée d'un corps, abritant la colonie, de cadres (souvent dix) sur lesquels un fil de fer étamé incrusté dans la feuille de cire renforce les rayons, d'un plateau qui constitue le fond de la ruche, d'une hausse qui contient de nouveaux cadres, d'un couvre-cadre qui isole la colonie et d'un toit plat ou pentu. Le cadre mobile marque le début de l'apiculture moderne.

Rucher - terme désignant un regroupement de ruches ou l'emplacement sur lequel elles sont situées.

Ruches-caisses - ruches formées de quatre planches entre lesquelles une croix faite de baguettes de bois maintient les rayons.

Ruches à rayons fixes - formées d'une seule pièce, faites de bois, de paille ou de baguettes d'osier tressées, de planches, d'écorces de chêne-liège, elles étaient souvent recouvertes d'enduit ou de bouse de vache. Elles pouvaient recevoir une hausse. Elles sont encore utilisées aujourd'hui dans l'élevage car elles sont propices à la production d'essaims.

Ruches tressées - invention probable des peuples nomades, légères et très facilement transportables, elles sont étanchéisées par de la bouse de vache.

Ruches verticales - inspirées du modèle naturel, elles sont creusées dans un tronc d'arbre ou dans une écorce de chêne-liège.

Second miel - obtenu par pressage et chauffage des rayons après avoir procédé à l'écoulement du premier miel.

Spermathèque - réservoir dans le corps de la reine destiné à recevoir la semence des bourdons, qui fécondera les oeufs des futures ouvrières et des reines.

INDEX

TABLE DES ILLUSTRATIONS

CHAPITRE III

CHAPITRE IV

CHAPITRE V

TEMOIGNAGES ET DOCUMENTS

photo.
126 Photos extraites du film *Quand les abeilles attaquent*.
130 La ruche modèle, lithographie, Adam, XIXe siècle.
131 Livre d'emblèmes, 1640.
132 Médaille de la Caisse d'épargne, XIXe siècle.
135 *The Feminine Monarchie of the History of Bees*, Londres, 1623.

REMERCIEMENTS

L'auteur remercie le professeur Rémy Chauvin pour l'avoir, il y aura dix ans à la parution de ce livre, initié au monde des abeilles… et des fourmis; son influence aura été déterminante.Pour sa coopération, il tient également à témoigner sa gratitude à Gérard Arnold de l'INRA de Bures-sur-Yvette, ainsi qu'à Ewa Godzinska de l'Institut Nencki de Varsovie, à Frau Maria von Frisch pour les documents qu'elle a eu la gentillesse de lui communiquer; et enfin, à Jeanne Hély pour son infinie patience.

COLLABORATEURS EXTÉRIEURS

Maquette : Dominique Dubois et Didier Pujos. lecture-correction : Béatrice Peyret–Vignals

CRÉDITS PHOTOGRAPHIQUES

AFK, Münich 78. Archives Gallimard, Paris 32h, 47, 79, 80, 83, 95, 97b, 108b, 111, 114, 117, 118. Bayerische Staatsbibliothek, Münich 44bn 88, 103b. Bibl, Corsiniana, Rome 33h, 33b. Bibl. nat., Paris 14/15, 18b, 22/23, 24/25, 27b, 28/29, 34bg, 35, 42, 70, 74, 75, 78, 82, 84, 84b, 86, 86b, 87b, 90, 91h, 99, 109, 131, 135. Bodleian Library, Oxford 26b, 27h, 77, 91b, 98b. BPK, Berlin 81. British Library, Londres 56/57. British Muséum, Londres 54b. Christophe L., Paris 126, 127129. Claus Hansmann, Münich 52, 59b, 59m, 102d. Claus Hansmann, Stockdorf 26, 72. Dagli-Orti, Paris 55, 58, 60d, 83. Darchen, les Eyzies 85.DR 44h. Eva Crain, Londres 54h. Gallimard/Société française d'apiculture, Paris 15b, 17h, 18h, 19, 31, 36h, 37b, 38g, 38dh, 38dm, 38db, 39, 61, 62h, 62b, 63h, 66, 67, 67b, 67h, 68b, 71, 89, 94, 121, . Giraudon, Paris 12, 60, 87, 132. International bee research association, Cardiff 13, 20/21, 29h. Icona, Rome 28h, 30, 64h. Institute of agricultural life, University of Reading 63h, 64b, 65b. Keystone, Paris 120. Mary Evans picture library, Londres 43. Musée de l'Homme, Paris 59h, 102g, 103hg,103hd. Musée de la science, Florence 32bg, 32bd, 34h. Photothèque de l'Institut de paléontologie du Muséum national d'histoire naturelle, Paris 48.Réunion des musées nationaux, Paris 130 Rosselle edition, Paris 45. Scala, Florence 46, 69, 73, 92/93, 108h, 110. Six, Paris 16h, 16b, 17b, 20, 34bd, 40, 41, 48/49, 49b, 50, 51bg, 51h, 51bd, 124. Staatliche Museum Preussischer Kulturbesitz, Berlin 65h. Vali, Paris 53. Viollet, Paris 15, 37h, 96, 113.

Table des matières

I SCIENCES DE L'ABEILLE : DE L'ANTIQUITE A LA RENAISSANCE

II SCIENCES DE L'ABEILLE : LES MODERNES

III LA DOMESTICATION DE LA MOUCHE A MIEL

IV L'ABEILLE, MYTHES ET SYMBOLES

V FOLKLORES ET USAGES

TEMOIGNAGES ET DOCUMENTS